예비신부
밥상 차리기

임 은 정 저

도서출판 진 로

프.롤.로.그.

나에게 요리란 무엇일까라는 생각을 하다 예전에 영화배우 최민식씨를 모델로 했던 광고를 떠올렸습니다.
늦은 밤 두 명의 친구가 골목길을 걷고 있었죠.
무슨 어려운 일이 있는지 무거워 보이는 친구의 어깨가 보이고,
느닷없이 친구의 앞으로 나가 김수철의 노래 '젊은 그대'를 불러주죠.
"거치른 벌판으로 달려가자. 젊음의 태양을 마시자." 그 노래에 친구는 웃음을 지어 보이고,
친구의 어깨에 손을 얹으며 함께 걸어가는 장면을 보며 가슴 뭉클했던 기억이 납니다.
힘들어하는 친구에게는 백 마디의 말 보다 그 노래가 더 큰 위로가 되었을 것입니다.
그것은 그저 노래가 아니라 함께 하고자 하는 친구의 마음이었기에 가능 한 것이라 생각합니다.

사람의 마음을 전하는 방법에는 여러 가지가 있겠죠.
그 중 하나가 요리 아닐까 싶습니다.
지금 힘들고 지친 그에게 내 손으로 지은 따뜻한 밥 한 끼를 대접할 수 있다면 어떨까요?
비록 황후의 밥상은 아니더라도 백 마디의 말보다도 더 든든한 힘이 될 것입니다.
내가 사랑하는 사람을 위해서 맛있는 요리를 준비하는 그 설레임 가득한 행복.
그것이 바로 요리의 즐거움 아닐까 싶습니다.
물론 요즘 같이 바쁜 시절에 요리까지 잘 해야 한단 말이냐고 푸념하는 사람도 있을 것 입니다.
그렇지만 자신 있는 요리 한두 가지쯤 있다면 살면서 마음을 전할 일이 있을 때 요긴하지 않을까 싶습니다.
정성스레 만든 음식을 맛있게 먹는 모습을 바라보는 즐거움이란 느껴보지 않은 사람은 모를 것입니다.

요리의 즐거움을 꼭 한번 느껴 보시길 바라며 이 책을 준비했습니다.
예비신부 밥상 차리기는 제목에서 알 수 있듯
결혼을 앞둔 분들과 예비신부는 아니어도 요리를 처음 해 보시는 분들도
이 책을 보면서 한걸음 한걸음 요리의 즐거움으로 나아가시길 바라며 마련했습니다.

일년 365일 마주하는 식탁도 새로워질 수 있습니다.
특별한 날은 더욱 특별하게, 매일의 밥상도 조금은 색다르게 준비해 보세요.
또 손님을 맞이하는 일은 왜 이리 어려운거냐 푸념하시는 분들도 있는데
그래도 해야 한다면 좀 폼 나게 해야겠죠.
요리와 테이블셋팅이 함께 있는 예비신부 밥상 차리기가 여러분을 도와줄 것 입니다.

부족하나마 이 책이 나올 수 있었던 것은 주변의 진심어린 도움이 있었기에 가능했습니다.
서면으로나마 감사의 인사를 드립니다.
그리고 바쁜 일정에도 책을 완성시켜 주신 진로출판사의 임종철 사장님께 감사드립니다.

저자 임 은 정

목. 차.

Part 1_예비신부의 밥상차리기

Part 2_특별한 날의 테이블 셋팅

Part 1

예.비.신.부.의. 밥.상.차.리.기.

집에서도 폼 나게!

새우와 알프레도 크림소스 파스타

재료

〈면 삶기〉

재료	분량
스파게티	200g
소금	1큰술
올리브유	1큰술

재료	분량
다진 마늘	1큰술
감자	40g
브로콜리	30g
새우	30g
크림소스	200㎖
올리브 오일	2큰술
토마토	30g
다진 올리브	10g
바질	5g
소금	1작은술
파마산 치즈	20g
후추	소량

이렇게 만들어요

1. 스파게티 면은 끓는 물에 소금 1큰술과 올리브 오일 1큰술을 넣고 10~15분 정도 삶아낸다.
2. 감자는 1.5㎝×1.5㎝×3㎜ 정도의 크기로 썰어준다.
3. 새우는 흐르는 물에 깨끗하게 씻어둔다.
4. 브로콜리는 밑동을 자르고 새우, 감자와 어우러질 수 있는 정도의 크기로 자른 후 끓는 물에 소금 한 큰술을 넣고 살짝 데친 후 찬물에 헹구어 둔다.
5. 팬에 올리브유를 두르고 마늘을 색이 나지 않도록 볶다가 감자를 넣는다.
6. 감자가 투명해지면 여기에 새우와 브로콜리를 넣고 볶는다.
7. 크림을 넣고 졸이다가 스파게티를 넣는다. 졸이면서 파마산 치즈를 넣고 소금과 후추로 간한다.
8. 굵게 다진 토마토와 올리브, 바질을 넣고 잘 섞어 접시에 담아낸다.

tip!

파스타는 삶고 나서 찬물에 헹구지 말고 바로 체에 밭쳐주세요. 삶을 때 넣은 오일은 면들이 퍼지거나 마르지 않도록 해줘요. 익었는지 확인하는 방법은 면을 잘랐을 때 가운데 생전분이 하얗게 보이는 면심이 없으면 됩니다.

집에서도 폼 나게!

오징어마리네

재료

오징어	1마리
양파	1/2개
피망	1/2개
당근	1/4개
밀가루	2큰술
레몬	1/2개
식용유	약간

〈소스〉

식초	2큰술
올리브유	2큰술
소금	1/4작은술
후춧가루	약간
파슬리	약간

이렇게 만들어요

1. 오징어는 껍질을 벗기고 0.5㎝ 굵기로 통 썰기 하여 고리 모양으로 만들어 놓는다.
2. 오징어에 밀가루를 묻혀서 170℃의 기름에 튀겨낸다.
3. 양파는 껍질을 벗기고 반으로 잘라 채 썬다. 당근도 4㎝ 길이로 채 썬다.
4. 레몬은 껍질째 얄팍하게 은행 썰기 하고, 피망은 1.5㎝ 두께로 통 썰기 하여 고리 모양으로 만든다.
5. 채 썬 양파와 당근, 피망은 차가운 물에 3분 정도 담갔다가 체에 건져 물기를 제거한다.
6. 큰 그릇에 오징어 튀긴 것과 야채, 레몬을 담아 함께 섞고 소스를 뿌린다.
7. 냉장고에 10분 정도 차게 두어 맛이 스며들면 접시에 담고 파슬리로 장식한다.

tip!

샐러드를 만들 때 채 썬 야채는 물에 3분 정도 담갔다가 건지면 훨씬 아삭해집니다. 수온이 상승하는 여름에는 물에 얼음 몇 조각 넣는다면 훨씬 아삭한 샐러드를 맛 볼 수 있습니다.

집에서도 폼 나게!

치킨아라킹

재료

- 닭 ······ 1/4마리
- 청피망 ······ 1/2개
- 홍피망 ······ 1/2개
- 양파 ······ 1/2개
- 양송이 ······ 2개
- 버터 ······ 3큰술
- 밀가루 ······ 3큰술
- 우유 ······ 1컵
- 육수 ······ 2컵
- 정향 ······ 1개
- 생크림 ······ 100㎖
- 소금 ······ 1작은술
- 후추 ······ 소량

이렇게 만들어요

1. 닭은 뼈는 잘 발라내고 물에 잠시 담가 뼈의 핏물을 뺀 후, 2.5㎝ 정도의 크기로 썰어 놓는다.
2. 닭 뼈는 냄비에 3컵의 물과 양파, 당근, 셀러리를 넣어 닭고기 육수를 끓인다. 시판되는 고체스프를 사용해도 된다.
3. 양파, 피망은 1.8㎝ 정도의 크기로 썰어 놓는다.
4. 양송이는 껍질을 벗기고 4등분하여 남아있는 닭 육수를 끓여 닭고기, 양파, 피망, 양송이를 데쳐 놓는다.
5. 팬에 버터를 녹인 후 밀가루를 넣어 골고루 혼합하여 화이트 루를 볶다가 닭 육수 2컵, 우유를 넣고 거품기를 이용하여 화이트루가 잘 풀어지도록 저어 준 후 정향을 넣어 은근히 끓인다.
6. 소스의 농도가 원하는 농도의 60% 정도로 졸여졌을 때 소금, 흰 후추로 간을 하고 고운체에 걸러 소스 팬에 담고 데친 닭고기를 넣고 끓인다
7. 한소끔 끓어 닭고기가 익으면 생크림, 양파, 양송이를 넣고 5분 정도 끓이다가 청, 홍 피망을 넣어 완성 시킨다.

tip!

서양요리나 중국요리에 사용되는 닭육수는 닭뼈와 향이 좋은 야채들을 함께 끓인 것을 말합니다. 그런데 가정에서 닭육수를 만들기란 만만치가 않죠? 그래서 식품회사들이 이렇게 만든 육수를 농축시키거나 건조시켜서 판매하고 있습니다. 흔히 치킨스톡이라고 하거나 고체 스프라고 하죠.

콩나물북어국

재 료

북어	1마리	실파	1뿌리	후춧가루	소량
두부	100g	달걀	1개	다진 마늘	1작은술
콩나물	100g	국 간장	2큰술	다진 파	1작은술
홍고추	1개	참기름	1작은술		

이렇게 만들어요

1. 북어는 방망이로 두들겨서 뼈를 발라낸 후 머리를 떼고 물에 불려 물기를 눌러 짠 후 1㎝×5㎝ 크기로 썰어 국 간장, 참기름, 후춧가루, 다진 마늘과 파를 넣고 고루 무친다.
2. 냄비에 물을 담고 북어 머리를 넣어 푹 끓인 후 면보에 걸러 육수를 준비한다. 두부는 손가락 굵기로 썰고 콩나물은 손질해 둔다.
3. 홍고추는 어슷하게 썰어 씨를 털어내고 실파는 4㎝ 길이로 썬다.
4. 냄비에 참기름을 두르고 불려 둔 북어를 넣어 살짝 볶은 후 북어 육수를 붓고 끓인다.
5. 여기에 콩나물과 고추를 넣고 한소끔 끓인 후 두부와 실파를 넣고 끓이면서 부드럽게 푼 달걀로 줄알을 친다. 소금과 후추로 간을 한다.

tip!

계란 줄알 친다는 말은 계란을 젓가락으로 살살 저어가며 냄비 위를 한바퀴 돌리다 보면 국 위로 가늘게 줄처럼 떨어집니다. 뭉쳐지지 않고 가늘게 흩어 뿌리는 것을 줄알 친다고 하죠.

버섯잡채

재 료

쇠고기	60g
표고버섯	2장
팽이버섯	1봉
느타리버섯	80g
실파	3뿌리
양파	1/3개
당근	1/3개
홍고추	1개

〈양념장〉

간장	2큰술
설탕	1큰술
정종	1큰술
다진 파	1큰술
다진 마늘	1큰술
참기름	1작은술
깨소금	1작은술
후추	소량

이렇게 만들어요

1. 느타리버섯은 끓는 물에 소금 1큰술을 넣고 살짝 데쳐 가늘게 결결이 찢는다.
2. 팽이버섯은 밑동의 지저분한 부분을 잘라내고 소쿠리에 담아 결결이 뜯으며 씻는다.
3. 표고버섯은 밑동을 자르고 얇게 저며 썬다. 쇠고기는 결의 반대방향으로 가늘게 채 썬다.
4. 양념장을 만들어 버섯과 고기에 각각 양념을 해둔다.
5. 실파와 당근, 양파는 6㎝ 길이로 얇게 채 썬다. 홍고추는 씨를 빼고 곱게 채 썬다.
6. 팬에 기름을 두르고 모든 재료를 각각 볶은 다음 넓은 볼에 넣고 전체 간을 한다. 여기에 채 썰어 둔 홍고추와 참기름을 넣어 살짝 버무려낸다.

tip!

느타리 버섯은 그 취가 강하고 조직이 질겨서 끓는 물에 소금을 넣고 살짝 데친 후 찬물에 헹구어 요리에 넣으시면 조직도 훨씬 부드러워지고 향도 좋아져요.

호박반달나물

재 료

애호박	1개	다진 마늘	1작은술	실파	1뿌리
참기름	1/2큰술	다진 파	1작은술	홍고추	1개
새우젓	1큰술	깨소금	1작은술		

이렇게 만들어요

1. 애호박은 길이로 2등분한 다음 5~6㎜ 두께로 얄팍하게 반달썰기 한다.
2. 파와 마늘은 깨끗이 다듬어 씻어서 곱게 다져 놓는다.
3. 홍고추는 동그랗게 썰어서 찬물에 씻어 씨를 빼놓고 실파는 3㎝ 길이로 자르거나 송송 다져 놓는다.
4. 새우젓은 건더기는 건져서 젓국을 짠 후 곱게 다져서 다시 젓국과 섞어 놓는다.
5. 달구어진 팬에 참기름을 두르고 호박을 넣은 다음 센 불에서 재빨리 볶는다.
6. 호박이 숨이 죽고 파랗게 볶아지면 새우젓을 넣고 간을 맞추어 잠시 더 볶다가 마늘, 파로 양념을 한다.
7. 불을 끄고 깨소금과 동글동글하게 썰어 놓은 다홍고추를 넣고 가볍게 섞는다.

tip!

호박에 참기름을 두르고 볶아주면 더 고소한 맛이 나고 색도 파랗게 유지될 수 있습니다. 하지만 참기름으로 볶다 보면 쉽게 탈 수 있어요. 타지 않도록 주의하세요.

엄마손 맛

고등어무조림

재료

재료	분량
고등어	1마리
무 중간 것	1/4개
홍고추	1개
대파	1/3뿌리

〈양념장〉

재료	분량	재료	분량
고춧가루	1큰술	다진 파	1큰술
물	3큰술	설탕	1+1/2큰술
진간장	3큰술	생강	1/2쪽
마늘	2쪽	깨소금	약간

이렇게 만들어요

1. 고등어는 지느러미, 머리, 꼬리, 내장은 제거하고 비스듬하게 썰어둔다.
2. 무는 0.7㎝ 정도 두께로 반달썰기 한다.
3. 파는 곱게 채 썰고, 마늘과 생강은 다진 다음 정량의 진간장, 설탕 등을 넣어 양념장을 만든다.
4. 냄비 바닥에 무를 한 켜 깐 후 양념장을 끼얹고 그 위에 고등어 토막을 얹고 다시 양념장을 끼얹은 다음 어슷 썬 홍고추와 대파를 골고루 펴 얹는다.
5. 고등어 위에 나머지 양념장을 마저 끼얹어서 불에 올려 끓인다. 끓이는 도중에 냄비를 기울이고 양념장을 숟갈로 떠서 고등어와 무 토막에 끼얹어 골고루 간이 배게 한 다음 국물이 거의 졸아 자작자작해지면 불에서 내린다.

tip!

DHA나 EPA같은 다가불포화지방산이 많아 몸에도 좋고 맛도 좋은 고등어. 그런데 비릿내가 심한게 탈이죠. 쌀뜨물에 담가두거나 우유에 담가두는 것도 좋지만 근본적으로 흐르는 물에 깨끗하게 씻어준다면 비릿내를 확실히 줄여줄 수 있습니다.

순두부찌개

재 료

- 순두부 ······················ 300g
- 돼지고기 ······················ 100g
- 조갯살 ······················ 100g
- 대파 ······················ 1뿌리
- 다진 마늘 ·············· 2/3큰술
- 홍고추 ······················ 1개
- 간장 ······················ 2큰술
- 참기름 ·············· 1/2큰술
- 고춧가루 ·············· 1/2큰술
- 물 ······························ 2컵
- 소금

이렇게 만들어요

1. 조갯살은 소금물에 흔들어 씻으면서 껍질을 제거한 후 물기를 뺀다.
2. 붉은 고추는 반을 갈라 씨를 뺀 후 곱게 다지고, 파는 1/2은 어슷하게 썰고 1/2은 곱게 다져 놓는다.
3. 고춧가루, 참기름을 넣어 잘 섞고 거기에 홍고추 다진 것과 다진 파, 마늘, 진간장을 넣어 양념장을 만든다.
4. 냄비에 양념한 고기를 볶다가 물을 붓고 끓인다.
5. 국물이 끓으면 순두부를 담고 조갯살과 양념장, 파를 얹고 한소끔 끓인다.

tip! 얼큰한 순두부찌개를 끓이고 싶다면 양념장을 만들 때 이것만은 지켜주세요.
고추의 매운맛성분은 기름에 잘 녹아 나옵니다. 양념장을 만들 때 제일 먼저 물기 없는 그릇에 고춧가루과 참기름을 넣고 잘 섞어줍니다. 2~3분 후에 보면 고춧가루에 참기름이 스며들어 빨간 기름이 나와요. 이 고추기름을 만드는 것이 중요!. 고추기름이 생기면 나머지 양념을 넣어 양념장을 만드시면 됩니다.

꼬막찜

재 료

꼬막	700g	다진 파	1큰술	진간장	3큰술
풋고추	2개	다진 마늘	1/2큰술	깨소금	1큰술
홍고추	1개	꼬막국물	3큰술	참기름	2작은술

이렇게 만들어요

1. 꼬막은 검은 흙물이 안 나오도록 박박 문질러 씻는다.
2. 냄비에 물 2컵을 붓고 소금을 약간 넣어 끓이다가 깨끗하게 손질한 꼬막을 넣고 입이 벌어질 때가지 삶아낸다.
3. 입이 벌어진 꼬막을 냄비에서 꺼내 한쪽 껍질을 떼어내고 접시에 담는다.
4. 간장에 꼬막 국물을 넣고 다진 고추와 재료를 넣어 양념장을 만든다.
5. 꼬막 위에 양념장을 먹음직스럽게 끼얹어서 상에 낸다.

tip!

꼬막은 껍질에 홈이 파여 있어서 그 부분이 지저분해 보이죠. 꼬막 씻을 때는 고무장갑을 끼고 꼬막껍질끼리 부딪치도록 박박 문질러 주세요. 그럼 검은 물이 빠지고 뽀얀 꼬막껍질이 됩니다. 보기 좋은 떡이 맛도 있다고 뽀얗고 예쁜 꼬막이면 더 맛있어 보이겠죠.

버팔로 윙

재 료

- 닭 날개 …………………… 20개
- 핫 소스 …………………… 3큰술
- 우스터소스 ………………… 1큰술
- 후추 ………………………… 소량
- 마늘 …………………… 1작은술
- 파슬리가루 ………………… 소량
- 오레가노 …………………… 소량

〈허니 머스터드소스〉

- 머스터드소스 ……………… 2큰술
- 꿀 ………………………… 1작은술
- 마요네즈 …………………… 1큰술
- 레몬즙 ……………………… 1큰술

이렇게 만들어요

1. 닭 날개를 손질한 후 핫 소스, 우스터소스, 파프리카, 후추, 마늘 다진 것, 파슬리 가루와 오레가노를 혼합하여 닭을 최소 30분 정도 재운다.

2. 밑간 된 닭 날개를 180℃로 예열된 오븐에서 앞뒤로 뒤집어서 구워낸다. 처음에 15분 정도 구워준 후 오븐에서 꺼내어 닭 날개를 뒤집어 15분 정도 더 구워줘야 앞, 뒤로 예쁘게 색이 날 수 있다.

3. 구워진 닭 날개는 접시에 예쁘게 담고 허니 머스터드소스를 곁들여 낸다.

tip!

오븐 팬에 쿠킹 호일을 깔아주면 설거지가 쉽습니다. 시간적 여유가 있다면 밑간 한 닭 날개를 3~4시간 정도 냉장고에 넣어두면 더 깊은 맛을 느낄 수 있습니다.

골뱅이무침과 소면

재료

- 골뱅이 ······ 200g
- 오징어채 ······ 100g
- 오이 ······ 1/2개
- 깻잎 ······ 5장
- 양파 ······ 1/2개
- 대파 ······ 1/2개
- 청고추 ······ 1개

〈초고추장 양념〉

- 고추장 ······ 2큰술
- 고춧가루 ······ 1큰술
- 식초 ······ 2큰술
- 맛술 ······ 1큰술
- 다진 파 ······ 2큰술
- 다진 마늘 ······ 1큰술
- 설탕 ······ 1+1/2큰술
- 통깨 ······ 1작은술
- 생강즙 ······ 1작은술

이렇게 만들어요

1. 골뱅이는 통조림 안에 있던 물은 버리고 건더기는 뜨거운 물을 부어서 담갔다가 체에 밭쳐 물기를 없앤다. 이 때 골뱅이는 뜨거운 물에 잠깐 데친 후 찬물에 헹구면 비린내를 없애버릴 수 있다.
2. 골뱅이는 큰 것을 이등분하여 잘라놓고 오징어채도 긴 것을 잘라 놓는다.
3. 깻잎은 돌돌 말아 채 썰고, 고추와 대파는 어슷하게 썰어 놓는다. 오이는 길이로 반을 잘라 어슷하게 썬다.
4. 양파를 오이와 같은 크기로 채 썰어 설탕 1큰술, 식초 1큰술, 소금 1작은술에 절여 5분 정도 놓았다가 물기를 제거한다.
5. 위의 재료대로 양념장을 만들어 모든 재료를 섞어 무친다.
6. 국수를 끓는 물에 3~4분 정도 삶아서 찬물에 비벼가면서 헹군 후 접시에 담고 양념을 무친 골뱅이를 옆에 담는다.

tip!

국수 삶을 때 거품 때문에 삶은 물이 끓어 넘치려하면 불을 줄이지 말고 찬물을 2~3큰술 부어 보세요. 끓어 넘치려던 거품과 물이 금방 잦아듭니다. 이제부터 국수를 맛있게 삶으려면 찬물 한 컵을 냄비 옆에 준비해 두세요. 3큰술씩 서너번 부어주다보면 어느새 면이 쫄깃하게 삶아져요.

칠리소스 실크삼겹살

재료

재료	분량
삼겹살	160g
토마토케첩	적당량
겨자	적당량
숙주나물	30g
팽이버섯	20g
부추	20g
소금	

〈삶는 물〉

재료	분량
육수	1.5컵
간장	1+1/2큰술
파인애플	10g
된장	1/2큰술
통 계피	10g
마늘	1쪽
생강	1쪽
파	1큰술
로즈마리	약간

〈칠리소스〉

재료	분량
고추기름	1큰술
토마토케첩	100㎖
두반장	1+1/2큰술
다진 마늘	1큰술
다진 생강	1작은술
식초	1/2큰술
소금, 후추	
물	2/3컵
녹말가루	약간

이렇게 만들어요

1. 삼겹살을 끓는 물에 5분 정도 삶아 잡 냄새를 제거한 후 겉면에 케첩이나 겨자를 바른 다음 기름을 넉넉히 두른 프라이팬에 갈색에 나도록 튀긴다.
2. 육수와 분량의 재료를 섞은 삶는 물에 삼겹살을 넣어 1시간 정도 삶아 부드럽게 한다.
3. 고추기름에 분량의 소스 재료를 볶다가 물을 넣고 녹말가루로 농도를 맞추어 칠리소스를 만든다.
4. 기름에 소금 간을 하여 볶은 콩나물, 팽이버섯, 부추를 접시에 갈고 삼겹살을 올린 다음 칠리소스를 끼얹는다.

tip!

고기요리엔 파인애플이나 키위를 한 조각 준비해보세요. 불고기 양념장에 키위나 파인애플을 한 입 크기 정도의 조각을 갈아 넣어 보고, 고기 삶는 물에도 한 조각 넣어 보세요. 깜짝 놀랄만큼 고기가 연해집니다.

비 오는 날엔

따끈한 국물의 쇠고기덮밥

재료

밥	4공기	**〈국물〉**	
소고기	300g	간장	5큰술
양파	2개	설탕	2큰술
당면 불린 것	200g	물	2컵
대파	1대	후춧가루	약간
달걀	3개		
후춧가루	약간		

이렇게 만들어요

1. 당면 불린 것은 먹기 좋게 잘라 놓는다.
2. 양파는 채 썰고 대파는 어슷하게 썬다.
3. 달걀은 볼에 담아 잘 풀어 놓는다.
4. 국물 재료는 섞어 놓는다.
5. 팬에 국물을 붓고 끓으면 쇠고기를 조금씩 넣고 한소끔 끓으면 건져 놓은 고기와 대파 썬 것을 차례로 넣는다. 불을 줄인 다음 달걀 푼 것을 팬의 가장자리에서부터 안쪽으로 원을 그리면서 붓고 뚜껑을 덮어 1분 정도 끓여 80% 정도 익으면 불을 끈다.
6. 덮밥 그릇에 밥을 담고 5를 얹는다.

tip!

소고기덮밥의 장국은 국물이 아닙니다.
그릇에 담으실 때 자작하게 담으셔야지 국물 요리 담듯 너무 많이 담으시면 안돼요.

장떡

재 료

밀가루 ··· 1/2컵	호박 ··· 1/6개	된장 ··· 4큰술
찬밥 ··· 1컵	옥수수 알 ··· 3큰술	고추장 ··· 2큰술
당근 ··· 1/4개	깻잎 ··· 5장	
양파 ··· 1/4개	달걀 ··· 2개	

이렇게 만들어요

1. 당근, 양파, 호박은 잘게 다져 소금에 살짝 절인 후 물기를 꼭 짠다.
2. 밀가루와 찬밥에 달걀을 넣고 채소와 고추장, 된장을 섞은 후 물을 약간 넣어 질게 반죽한 후 프라이팬에 한 숟가락씩 떠서 지진다.

tip!

간식용으로도 반찬으로 아주 맛있는 장떡. 요리하실 때 이 점만은 주의하세요.
장떡 반죽에는 밀가루보다 영양학적으로 우수한 밥을 넣었습니다. 맛도 좋고 영양적으로 우수하긴 한데 결착력이 좀 떨어져 너무 큰 사이즈로 전을 만들면 잘 갈라지는 단점이 있어요. 자그마하고 예쁘게 숟가락으로 떠서 지지시면 됩니다. 그리고 고추장과 된장이 들어가 있어 쉽게 색이 진해집니다. 약한 불에서 천천히 하세요.

비 오는 날엔

해물칼국수

재료

재료	분량
바지락	250g
새우	100g
미역	15g
미더덕	40g
칼국수 면	250g
국 간장	1+1/2큰술
참기름	1/2작은술
소금	약간
후춧가루	약간
홍고추	1개
실파	2뿌리

〈국물〉

재료	분량
물	5컵
멸치	7개
다시마	2장
양파	1/2개
무	1조각

〈양념장〉

재료	분량
진간장	1/2큰술
참기름	1/2큰술
깨소금	1/2작은술
고춧가루	1/2작은술
다진 마늘	1작은술
다진 파	1/2큰술

이렇게 만들어요

1. 냄비에 찬물을 넣고 다시마, 멸치를 넣어 국물을 우려낸다.

2. 다시 국물에 미더덕, 새우, 바지락을 넣고 끓이다 국 간장을 넣어 간을 하고 미역을 넣고 끓인다.

3. 한소끔 끓으면 칼국수 면을 넣고 면이 익으면 실파와 홍고추를 넣고 잠깐 더 끓인 후 그릇에 담는다.

tip! 다시마나 멸치로 다시 국물을 낼 때는 꼭 찬물에 넣고 끓이세요. 끓기 시작하면 약한 불에서 15분 정도면 됩니다. 다시 국물의 감칠맛은 다시마나 멸치의 아미노산과 핵산 성분에서 비롯되는데 이들 성분이 열에 약한 구조를 가지고 있어서 너무 센불에서 오래 끓이면 감칠맛이 사라집니다. 15분 정도 끓였으면 체에 면보를 깔고 걸러 주세요.

얼큰한 낙지전골

재료

- 낙지 ······ 2마리
- 쇠고기 ······ 80g
- 쑥갓 ······ 30g
- 두부 ······ 1/4모
- 양파 ······ 1개
- 실파 ······ 100g
- 표고버섯 ······ 3장
- 홍고추 ······ 1개
- 소금 ······ 적당량
- 물 ······ 2컵

〈양념장〉

- 설탕 ······ 1큰술
- 마늘 ······ 1큰술
- 생강 ······ 1/2쪽
- 파 ······ 1큰술
- 깨소금 ······ 1큰술
- 참기름 ······ 1/2큰술
- 간장 ······ 1큰술

〈고추기름〉

- 고춧가루 ······ 1큰술
- 참기름 ······ 1큰술

이렇게 만들어요

1. 파, 마늘, 생강은 곱게 다져 간장, 설탕, 깨소금, 참기름과 섞어 양념장을 만들고 고춧가루는 참기름, 식용유와 함께 섞어 고추기름을 만든다.

2. 낙지는 둥근 머리 부분의 먹통과 내장을 떼어내고 소금을 뿌려 주물러 깨끗이 씻은 후 5㎝ 정도 길이로 썬 다음 소쿠리에 건져 물기를 없앤 후 양념장 중 1/2과 고추기름을 넣고 간이 배도록 재어둔다.

3. 쇠고기는 얇게 저며 채 썰어 나머지 양념장을 넣고 버무려 둔다.

4. 양파는 길이로 2등분한 후 채 썰고, 실파는 4㎝ 길이로 썰고, 쑥갓은 잎사귀 쪽으로 5㎝ 정도 길이로 썬다. 표고는 기둥을 떼어내고 갓만 준비하여 실파와 같은 길이로 얄팍하게 채 썰고, 홍고추는 꼭지를 떼고 길이로 반을 갈라 씨를 빼낸 뒤 5㎝ 정도의 길이로 채 썬다.

5. 전골냄비에 굵게 채 썬 양파를 깔고 양념한 소고기를 올린 다음 가운데 양념한 낙지를 얹고 냄비 둘레에 손질한 새우, 실파, 표고버섯, 홍고추를 색을 맞추어 가지런히 담는다.

6. 여기에 육수를 붓고 끓인다. 한소끔 끓으면 소금으로 간을 한다.

7. 쑥갓은 잎부분만을 잘라 불을 끌 때 전골 위에 얹어서 낸다.

콩나물 삼색냉채

재료

재료	분량
콩나물	300g
오징어	1/2마리
게맛살	100g
피망	1개
상치	1장

〈겨자양념〉

재료	분량
겨자 갠 것	2큰술
식초	2큰술
설탕	1큰술
소금	1/3작은술
다진 마늘	1큰술

이렇게 만들어요

1. 콩나물은 머리와 꼬리를 떼고 깨끗이 씻어 소금을 약간 넣고 살짝 데쳐낸다.
2. 오징어는 내장과 껍질을 제거하고 길이로 이등분하여 안쪽에 가로 세로로 어슷하게 칼집을 내어 7㎜폭으로 썰어 끓는 물에 데친다.
3. 게맛살은 5~6㎝ 길이로 먹기 좋게 찢어 놓고, 피망은 반 갈라 씨를 뺀 후 곱게 채 썰어 끓는 소금물에 데친다.
4. 재료를 고루 섞어 그릇에 상치를 깔고 담아 겨자양념을 얹어 낸다.

tip! 오징어 껍질 제거할 때 알아두면 좋습니다.
오징어 미끈거려서 껍질 제거하기가 힘들죠. 오징어 껍질 제거할 때 손가락에 소금을 묻혀서 해보세요.
미끈거리는 느낌이 없어지고 오징어 껍질이 착 달라붙어서 껍질이 잘 벗겨집니다.
자 이제부터 오징어 껍질 제거할 때는 옆에 소금 한 큰술을 놓고 손가락에 팍팍 묻혀서.

삼치데리야끼구이

재 료

삼치	1마리
식용유	약간
청주	2큰술

〈데리야끼 소스〉

간장	2+1/2컵	마늘	3쪽
물	2+1/2컵	생강	1톨
설탕	1+2/3컵	통후추	1작은술
셀러리	1대	풋고추	1개
양파	1/4개	홍고추	1개
굵은 파	1대		

이렇게 만들어요

1. 데리야끼 소스 만들기 : 소스를 만들 작은 냄비를 준비해 간장과 물을 같은 양 넣는다. 고추는 꼭지만 떼고 통으로 넣고, 야채는 큼직하게 썰어 놓는다. 끓기 시작하면 불을 점차 약하게 줄여가면서 처음 분량의 1/2 정도가 될 때까지 졸인다. 다 졸여지면 불을 끄고 식힌 후 체에 거른다.

2. 삼치는 흐르는 물에 깨끗이 씻은 후 뼈를 중심으로 살을 발라내어 6㎝ 크기로 자른다. 껍질 쪽에 ×자로 칼집을 내고 청주를 뿌려둔다.

3. 팬에 기름을 둘러 뜨겁게 달구어지면 삼치를 껍질 쪽부터 얹어 앞뒤로 지진다.

4. 겉면이 익으면 데리야끼소스를 바른다. 여러 번 덧발라가며 속까지 익도록 약한 불에서 천천히 굽는다.

5. 구이에 윤기가 돌면 불에서 내린다.

6. 상에 낼 때는 생강 초절이와 레몬을 곁들여 내면 좋다.

tip!

샐러리, 양파, 통후추, 갖은 야채와 향신료가 들어간 데리야끼 소스!
한가한 날 좀 여유있게 만들어서 냉장고에 보관하여 맛있는 생선 조림이 먹고 싶은 때, 불고기를 재울 때 간장 대신에 넣어보세요. 나만의 비밀 소스가 됩니다.

태극초밥

재료

- 불린 쌀 ········· 2컵
- 계란 ········· 4개
- 깻잎 or 파슬리 ········· 5장
- 생선 오보로 ········· 2큰술
- 김 ········· 4장

〈촛물〉

- 식초 ········· 4큰술
- 설탕 ········· 3큰술
- 소금 ········· 1/3큰술

이렇게 만들어요

1. 쌀은 씻어서 밥을 고슬고슬하게 지어 뜨거울 때 촛물을 부어 고루 섞는다.
2. 김은 살짝 구워 준비하거나 김밥용 김을 준비한다.
3. 계란 3개는 물 2큰술, 소금 1/2작은술과 설탕 1/2작은술을 넣고 체에 거른 후 계란말이를 해 두고, 계랸 1개는 완숙해 놓는다.
4. 삶은 계란은 계란 노른자를 체에 내리고, 깻잎 or 파슬리는 곱게 다진 후 거즈로 싸서 흐르는 물에 헹군 후 물기를 제거하고, 생선살 오보로를 준비한다.
5. 계란 노른자, 다진 깻잎, 생선살 오보로를 각각 초밥에 섞어 3가지 색 밥을 준비한다.
6. 김 반장에 노란 밥을 고르게 펴고 돌돌 말다준다.
7. 김 2/3장에 초록 밥을 고르게 펴고 속에 노란 밥 만 것을 넣고 돌돌 말아준다.
8. 김 한 장에 오보로가 섞인 분홍 밥을 고르게 펴고 7을 속으로 넣고 말아준다.
9. 이것을 길게 4등분하여 김 한 장에 등이 보이게 올리고 그 사이에 계란지단을 두고 사각형으로 말아준 후 썰어낸다.

tip!

김밥의 파란색은 파슬리나 깻잎 다진 것을 사용하는데 저는 개인적으로 깻잎 향이 더 좋더군요. 분홍색 부분의 색을 내주는 오보로가 없다면 붉은 색을 내주는 햄을 다져 넣거나 비트를 곱게 다져 넣으면 어떨까요.

오색유부초밥

재 료

재료	분량
쌀	3컵
다시마	10㎝
물	3컵
식초	4큰술
설탕	3큰술
소금	1/2작은술

재료	분량
유부	20장
흰 깨	1작은술
검은 깨	1작은술
깻잎	2장
햄	50g
달걀지단	1개

〈유부조릴 물〉

재료	분량
다시마 물	1컵
진간장	3큰술
설탕	4큰술
청주	1큰술

이렇게 만들어요

1. 불린 쌀에 다시마 물을 넣고 밥을 지어 뜨거울 때 촛물을 넣고 섞는다.
2. 유부는 삼각형이나 사각형으로 2등분하여 끓는 물에 2~3분 삶은 후 건져 놓은 후 다시마 물, 간장 등을 넣고 조린다.
3. 깻잎은 잘게 다진 후 면보에 싸서 물기를 제거한다.
4. 햄과 달걀지단은 곱게 다져 놓는다.
5. 초밥에 흰 깨, 검은 깨, 다진 깻잎, 햄과 달걀지단 다진 것을 넣고 섞은 다음 유부 속에 채워 넣는다.

tip!

도시락에 담기 유부초밥 사이즈가 제각각이면 어떨까요?
한 그릇에 담긴 요리는 일정한 모양과 크기를 가지고 있을 때 정갈해 보입니다.
유부초밥 싸실 때 숟가락으로 한 큰술씩 밥량을 일정하게 떠서 초밥을 싸면 어떨까요.

소풍 가자!

참치샌드위치

재 료

토스트용 식빵	8장	참치 통조림	1캔	옥수수 알	4큰술
버터	4큰술	오이피클	1개	마요네즈	3큰술
파슬리(장식용)	소량	양파	1/4개		

이렇게 만들어요

1. 식빵의 한 면에 버터를 고루 펴 바른다.

2. 참치 통조림은 손으로 쥐어 기름을 짠 후 보슬보슬하게 부숴 놓는다.

3. 옥수수는 통조림에서 건져서 물기를 빼 놓는다. 양파와 오이피클은 곱게 다져 참치에 넣고 마요네즈 소스로 버무린다.

4. 버터 바른 식빵 위에 섞어 놓은 속을 고루 펴고 식빵의 버터 바른 면이 안으로 오도록 덮은 후 다시 양면에 버터를 골고루 바른다.

5. 프라이팬에 노릇노릇하게 되도록 양면을 지진 후 모양을 내어 썰어 놓는다.

tip!

참치는 고소한 맛이 장점이지만 자칫 통조림의 기름이 완전히 제거되지 않으면 비릿하게 느껴질 수 있습니다. 샌드위치 싸기 30분전에 통조림의 내용물을 체에 밭쳐 두면 어떨까요. 기름은 쏙 빠지고 고소하고 담백한 참치만 샌드위치에 넣으세요.

시실리풍펜네파스타

재 료

- 펜네 마카로니 ············ 250g
- 가지 ···························· 1개
- 토마토 ························ 1개
- 모차렐라 ···················· 치즈
- 파마산 ························ 치즈
- 바질 ···················· 1작은술

〈토마토 소스〉

- 토마토퓌레 ················ 100g
- 토마토 ·························· 1개
- 오레가노 ··················· 1큰술
- 마늘 ··························· 1큰술
- 양파 ························ 1/4개
- 바질 ······················ 2작은술
- 소금
- 후추

이렇게 만들어요

1. 펜네 파스타는 충분한 양의 물에 소금과 오일을 넣고 삶아 놓는다.
2. 가지는 파스타 크기로 잘라 소금으로 절여 물기를 제거한 후 튀겨 놓는다.
3. 토마토는 껍질을 벗기고 네모로 잘라 놓는다.
4. 소스 만들기 : 팬에 오일을 두르고 다진 양파와 마늘을 볶다가 다진 토마토와 토마토퓌레를 넣고 끓인다. 여기에 바질, 오레가노, 튀겨놓은 가지, 네모로 썰어 놓은 토마토를 넣고 볶는다.
5. 소금과 후추로 간한 후 삶아 놓은 팬네를 넣고 섞는다. 모차렐라 치즈와 파마산 치즈를 넣는다.

tip!

토마토 퓌레가 없다면 토마토 페이스트를 사셔도 좋습니다.
페이스트를 쓰실 때는 육수나 물을 조금 부어주세요.

뭐 특별한 거 없수?

감자샐러드

재 료

샐러드 채소	200g
삶은 감자	1개

〈드레싱〉

미소	2큰술
설탕	1큰술
올리브 오일	1큰술
식초	1/2큰술
참기름	1/2큰술

이렇게 만들어요

1. 채소는 찬물에 씻어 건져 한입 크기로 찢어둔다.
2. 감자는 한입크기로 썬다.
3. 끓는 물에 소금 한 큰술을 넣고 감자를 넣어 삶아 준다.
4. 감자가 다 삶아지면 찬물에 헹구지 말고 체에 밭쳐 식힌다.
5. 준비한 분량의 재료를 섞어 드레싱을 만들어 그릇에 채소를 담고 소스를 얹어낸다.

tip!

간단하면서도 맛있는 감자샐러드. 좀 더 맛있게 만드시고 싶다면 이걸 알아 두세요.
감자를 삶을 때는 끓는 물에 소금을 한 작은 술 정도 넣고 삶으시면 훨씬 맛있습니다.
삶고 난 후에는 찬물에 헹구지 마시고 체에 밭친 후 뜨거운 상태에서 면보에 물기를 제거하시면 됩니다.
뜨거운 감자가 여분의 물을 흡수해서 뽀송뽀송한 감자가 됩니다.

뭐 특별한 거 없수?

치킨퀘사딜라

재 료

- 닭고기 살 ……………… 150g
- 피망 …………………… 1/2개
- 가지 …………………… 1/3개
- 양파 …………………… 1/2개
- 양송이 버섯 …………… 3개
- 카레가루 ……………… 1큰술
- 또띠아 ………………… 4장
- 모짜렐라 치즈 ………… 4큰술
- 소금
- 후추

〈살사 소스〉

- 잘게 썬 토마토 ………… 1개
- 올리브유 ……………… 3큰술
- 식초 …………………… 2큰술
- 백포도주 ……………… 1큰술
- 소금, 후추

이렇게 만들어요

1. 가지, 양파, 피망은 같은 크기로 채 썬다. 양송이버섯은 모양을 살려 저며 썬다.
2. 달군 팬에 기름을 두르고 야채를 살짝 볶다가 소금, 후추, 카레가루를 넣고 볶아내어 식힌다.
3. 작은 팬을 살짝 달궈 또띠아를 넣고 손으로 돌려가며 앞뒤로 구워 부드러워지면 볶은 재료를 골고루 펴 놓은 뒤 반을 덮어 맞물린다. 치즈가 녹아 흐르면 뒤집어 익혀 노릇하게 색을 낸다.
4. 약간 식은 뒤 4등분하여 접시에 담고 분량대로 섞은 살사소스를 곁들여 낸다.

tip!

또띠아는 마트에 가시면 냉동 코너에서 쉽게 발견하실 수 있습니다.
사 오셔서 냉동고에 보관 하시다 사용하실 때 꺼내시면 됩니다.

Oil

같이 먹으면 더 맛있는

라쟈니아

재료

라자냐 면	2장	다진 양파	1큰술	다진 파슬리	약간
토마토퓌레	250g	모짜렐라 치즈	100g	소금	1작은술
다진 쇠고기	100g	파마산 치즈	50g	후추	소량
다진 마늘	1큰술	바질	소량		

이렇게 만들어요

1. 끓는 물에 소금을 넣은 뒤 라쟈냐 면을 넣고 8분 정도 끓인다.
2. 프라이팬에 기름을 두르고 다진 마늘과 양파, 쇠고기를 넣고 볶다 토마토퓌레를 넣고 소금과 후추로 간을 한 다음 물기가 없어지도록 볶아준다.
3. 라쟈냐 면이 부드러워지면 꺼내 키친타월에 놓고 물기를 닦아낸다.
4. 내열 용기에 라쟈냐 면을 한 장 깔고 토마토소스의 반만 발라준다. 여기에 바질과 파마산 치즈를 반씩 골고루 뿌린다.
5. 위에 남은 라쟈냐 면을 깔고 토마토소스, 바질, 파마산 치즈를 순서대로 뿌린다.
6. 위에 모짜렐라 치즈를 얹어 250℃로 예열된 오븐에서 10분간 구워낸다.

tip!

파스타 잘 삶는 방법!
라쟈냐 뿐만 아니라 모든 종류의 파스타를 삶을 때는 생각보다 물을 넉넉히 부으시고, 물에 소금 한 큰술과 식용유 2큰술을 넣어 주세요. 면이 삶아지면 찬물에 헹구는 것은 금물. 체에 밭쳐 식혀주세요.

같이 먹으면 더 맛있는

오렌지소스 돼지갈비구이

재료

돼지갈비	1kg
간장	4큰술
설탕	1큰술
생강	1큰술
정종	2큰술
두반장	2큰술
양파	1개
고추 말린 것	1개
후춧가루	

〈꿀 소스〉

꿀	2큰술
토마토케첩	3큰술
맛 간장	1큰술
오렌지 마멀레이드	1큰술
생강	1큰술
술	2큰술

이렇게 만들어요

1. 돼지갈비는 갈비와 갈비 사이를 자른다.
2. 양파와 마른 고추는 곱게 갈아 간장과 분량의 재료를 섞어 밑 간장 양념을 만든다.
3. 밑간 양념장에 돼지갈비를 버무려서 3시간 정도 잰다.
4. 양념이 베인 갈비를 180℃로 예열된 오븐에 넣어 15분 정도 구운 다음 분량의 재료를 섞어 만든 꿀 소스를 바르고 30분 정도 더 굽는다. 굽는 중간에 뒤집어 가며 소스를 두세 번 더 발라준다.

tip!

소스를 바르고 15분 정도 구워준 후 오븐에서 꺼내어 갈비를 뒤집어 주고 소스를 덧바른 후 다시 15분 정도 구워준다. 소스를 덧바르며 구워줘야 예쁜 색의 먹음직스러운 갈비가 됩니다.

같이 먹으면 더 맛있는

즉석낙지볶음과 소면

재료

재료	분량
낙지	100g
잎 상추	2장
소면	150g
호박	50g
양파	50g
대파	50g
청고추	50g
홍고추	50g

〈양념장〉

재료	분량
거친 고춧가루	1큰술
고추장	1큰술
다진 마늘	1작은술
생강	1/2작은술
후추	소량
통깨	소량
참기름	1큰술

이렇게 만들어요

1. 낙지는 둥근 머리 부분의 먹통과 내장을 떼어내고 소금을 뿌려 주물러 깨끗이 씻어 뜨거운 물에 살짝 데친 후 5㎝ 정도 길이로 썰고 머리 부분은 굵은 채를 썬다.
2. 호박, 양파, 대파, 청 · 홍고추는 전체적으로 어울릴 수 있도록 큼직하게 썰어둔다.
3. 프라이팬에 기름 2~3큰술을 두르고 마늘을 약한 불에서 볶다가 마늘 향이 우러나면 센 불에서 낙지를 넣고 살짝 익으면 거친 고춧가루 1큰술을 넣고 살짝 볶아준다.
4. 낙지가 반쯤 익으면 양파와 호박 등 야채를 넣고 양념장을 넣어 섞어준 후 센 불에서 볶아준다.
5. 마지막에 참기름, 통깨로 맛을 내준다. 낙지는 센 불에서 조리해야 물이 생기지 않는다.
6. 접시에 상추나 깻잎을 예쁘게 깔고 그 위에 낙지볶음을 담아낸다.
7. 냄비에 물을 넉넉히 넣고 팔팔 끓으면 소면을 넣고 한소끔 삶아낸다.
8. 소면이 끓어 거품이 생기면 물을 1~2큰술 넣어 거품을 가라앉히면서 센 불에서 삶아 주어야 면이 쫄깃해진다. 다 삶아진 면은 바로 찬물에 3번 정도 헹구어야 면이 퍼지지 않고 쫄깃하다.
9. 삶아진 면은 예쁘게 말아 낙지볶음 옆에 곁들여낸다.

Part 2

특.별.한. 날.의. 테.이.블. 셋.팅.

테이블 코디네이트

테이블은 즐겁게 음식을 먹고 대화를 나누는 공간으로 식사와 함께 사람들 간의 커뮤니케이션이 이루어지는 곳으로 아름다우면서도 기능적이며 행복을 나눌 수 있는 곳 이어야한다.

테이블 코디네이트라하면 자칫 어렵게 생각할 수도 있지만 쉬우면서도 재미있는 것이며, 우리도 얼마든지 따라할 수 있는 꼭 알아두어야 할 상식이다.

구석에 처박아 놓았던 구닥다리 그릇, 특별한 날에만 쓰는 걸로 알고 그릇장에 고이 모셔두었던 접시들을 오늘 당장 꺼내서 항상 먹는 반찬도 조금은 다르게, 때로는 우아하게, 때로는 재밌게 변화를 주어 우리 가족들에게 새로움과 즐거움을 줄 수 있는 방법. 그리고 특별한 날을 더욱 특별하게 해주는 지혜이다.

테이블 코디네이트란 식탁 연출을 의미하는 것으로 사람들이 모여 이야기를 나누고 상호교류를 할 수 있는 장소로 만들어 나갈 수 있도록 하는 것이 목적으로 요리와 함께 그릇, 꽃, 테이블클로스에서 음악, 조명 등 식공간에 이르는 중요한 요소들의 조화에 의해 사람의 총체적인 오감(五感)에 영향을 미치는 공간의 창조를 말하는 것이다.

그러나 테이블 코디네이트의 가장 중요한 본질은 어디까지나 사람이 중심이 되는 것이다. 아무리 훌륭한 식탁연출이라고 하여도, 친밀감과 행복감을 주지 못하는 테이블 코디네이트는 많은 사람들에게 공감을 줄 수 없고 단지 하나의 그림으로서 감상하게 되는 식탁에 지나지 않을 것이다.

테이블 코디네이트는 늘 가장 기본이며 중심이 되는 사람을 중심으로, 식사 시간대와 장소, 목적에 따라서 모든 것이 달라지므로, 그에 따라 기본 계획이 이루어져야 한다.

감동이 있는 테이블 셋팅 연출

테이블 코디네이트는 구성원 모두에게 감동을 줄 수 있어야 하며, 식탁의 장식은 그 사람의 문화와 교양을 나타낸다. 테이블 코디네이트의 준비에 있어 먼저 모임의 목적이 무엇인지 결정하고, 그 날의 분위기를 이미지화하는 것이 중요하다. 이에 따라 조명, 음악에 대해서도 신경을 쓴다면 감동을 주는 테이블 코디네이트가 될 것이다.

테이블 코디네이트는 마음에서부터 우러나오는 진정한 접대이 그 출발이 된다. 손님은 신이 내려온 것으로 생각한다는 호스피탈리티(hospitality)의 정신이 기본이 되며, 이것은 1990년대 접대의 경향으로 호감을 담은 언어를 사용하고 좋은 표정을 짓는 것부터 시작이다. 좋은 표정이란 좋은 생각과 연결되는 것이므로 긍정적인 사고가 중요하게 작용하며, 또한 겸허한 마음으로 접대하는 것을 잊어서는 안 될 것이며, 초대된 손님의 행복을 책임지는 것이다.

손님이 도착하면 모든 손님을 똑같이 환대하도록 하며 타이밍에 맞는 서비스를 할 수 있어야 한다.

식사 중 필요한 상황을 재빨리 파악하는 것이 중요하고 식사 중에는 즐거운 대화가 이어질 수 있도록 화제까지도 생각한다.

목적에 맞는 접대의 스타일을 결정한다. 그 유형에는 서서하는 스탠딩 파티, 뷔페 파티, 티 파티, 샌드위치 파티, 생일 파티 등이 있으며 초대되는 사람의 성별(性別), 연령을 참고한다. 또한 계절감을 살리는 것을 잊지 말아야 한다.

메뉴를 결정하고 식기와의 조화, 음료의 선택에 신중을 기한다.

이러한 것들이 어려울 경우에는 케이터링 파티나 출장 요리사의 도움도 생각해 볼 수 있다.

그리고 모임의 준비에서부터 끝날 때까지의 전반적인 상황에 관하여 노트에 잘된 점과 잘못된 점을 기록하도록 한다.

시간표, 메뉴, 식기, 음식, 테이블 셋팅, 식탁의 꽃 등을 체크해본다. 이렇게 하나씩 점검하는 태도야말로 파티를 훌륭하게 마무리하는 방법이다.

테이블 코디네이트의 구성 요소

1. 디너웨어 dinnerware

정식 디너에서 사용되는 식기는 전채요리에서 디저트까지 똑같은 디자인으로 통일시킨다.

접시는 용도에 따라 크기가 다른데, 보통 디너 접시라고 부르는 25~27cm 크기의 접시는 메인 디시나 고기요리용, 한 단계 작은 21cm 전후의 크기는 샐러드, 케이크, 아침 식사용으로 사용한다. 그리고 15~16cm 크기의 가장 작은 접시는 빵용이다.

음식을 담아 가운데에 낼 때 사용하는 서비스용 접시는 지름이 30~40cm 정도의 크기를 사용하는데, 어떤 디자인의 그릇과도 잘 어울리는 은그릇이나 유리그릇을 사용하는 것이 무난하다.

과일이나 야채를 담아내는 샐러드 볼은 크기와 모양이 적당하면 어떤 그릇으로나 활용이 가능하지만 모양 있게 세트로 갖추어 두는 것이 좋다.

세트라고 해서 무조건 같은 제품이 아니라 나무 질감이면 샐러드 스푼도 나무 재질로, 유리 재질이면 샐러드 스푼도 그에 맞는 것을 준비하는 것이 좋다.

한식에나 어울리는 것으로 알고 있는 도자기 그릇을 샐러드 볼로 이용해 보면 어떨까. 큼직한 그릇을 가지고 있다면 먹음직스럽게 샐러드를 담아 식탁 한가운데에 놓아두자.

작은 그릇이 있다면 1인용 샐러드 볼로 사용해보자. 테이블 셋팅이 한결 멋있어진다.

2. 커트러리 cutlery

고기요리용 나이프를 테이블 나이프라고도 하며, 테이블에 처음부터 셋팅해 놓는다. 생선요리용 나이프는 생선살을 자르면 흐트러지기 쉽다는 것을 감안해 고기요리용 나이프보다 날 부분이 넓게 디자인되어 있다. 그러나 굳이 이 두 가지를 구분하지 않고 고기요리용 나이프와 생선요리용을 겸용해도 된다.

샐러드 포크는 생야채가 미끄러지지 않도록 만들어진 것으로 테이블 포크(고기요리나 생선요리를 먹을 때 사용하는 포크)에 비해 포크의 폭이 넓다. 그러나 대개는 테이블 포크로 샐러드를 먹기도 한다.

테이블 포크와 거의 비슷한 크기의 테이블스푼이 수프를 먹을 때 사용하는 스푼이다. 이것과는 달리 밑 부분이 동그란 스푼이 있는데 이것은 콩소메(맑은 수프)전용 스푼으로 접시 바닥에 스푼이 잘 닿게 디자인

된 것이다.

끝이 동그랗게 생겼으면서 보통의 티스푼에 비해 넓적하게 생긴 것은 디저트용 스푼이고, 아이스크림 스푼은 얼어 있는 딱딱한 아이스크림을 먹기 쉽도록 끝이 평평하게 되어 있다.

커트러리

① 서비스 접시의 오른쪽(나이프 및 수프 스푼) : 테이블 나이프는 냅킨의 오른쪽에서 2.5㎝ 평행으로 배치한다. 칼날부분이 항상 냅킨 쪽을 향하도록 한다.

② 서비스 접시의 왼쪽(포크) : 테이블 포크는 왼쪽에서 접시를 넣었을 때 포크의 목 부분의 선이 일치하도록 놓고 테이블 끝에서 2.5㎝ 높게 셋팅한다. 샐러드 포크는 테이블 포크와 평행으로 두고 끝이 테이블 포크 끝부분 보다 2.5㎝ 높게 셋팅한다.

③ 디저트 셋팅 : 디저트 포크는 서비스 접시보다 2.5㎝ 위에 배치하고 포크의 손잡이가 왼쪽으로 향하게 한다. 디저트 스푼은 디저트 포크보다 위로 평행되게 놓는다.

④ 버터나이프 : 빵 접시에 셋팅한다. 빵 접시 오른쪽 위로 날 부분이 안쪽을 향하게 놓는다. 이 때 커트러리는 사용 순서대로 배치해야 한다. 즉, 수프 코스가 메인 코스보다 우선이므로 수프 스푼은 오른쪽에 메인 나이프와 평행되게 한다.

3. 글라스웨어 glassware

크고 작은 와인글라스 3개가 나란히 놓였다면 각각의 용도를 어떻게 구별해야 하나.

가장 큰 것은 물, 주스, 우유, 맥주 등을 마실 때 사용하며 가장 작은 것은 화이트 와인을 마실 때 쓰면 된다. 화이트 와인은 차갑게 마시므로 적은 양이 들어가는 것을 써야 온도가 올라가기 전에 다 마실 수 있기 때문이다.

약간 큼직한 와인글라스는 레드 와인을 마시기에 적당하다. 실온으로 마시는 레드 와인은 화이트 와인과 달리 온도가 올라가는 것을 우려할 필요도 없고, 잔이 크면 오히려 공기와 닿는 면적이 커져 보다 향을 잘 음미할 수 있다.

샴페인 잔에는 평평한 것과 가늘고 길게 생긴 것의 두 가지가 있다. 가늘고 긴 타입은 샴페인 특유의 거품과 향기를 오래 보존하기 위한 것이며, 반면 평평하고 낮은 샴페인 잔은 피라미드 상태로 쌓아올릴 수 있을 정도로 형태에 안정감이 있어 한꺼번에 많은 글라스가 필요한 파티에 많이 사용한다. 결혼식 등 축하의 자리에서 건배할 때는 평평한 형태의 샴페인 잔을 쓴다.

글라스웨어 셋팅

① 글라스웨어는 테이블의 오른쪽에 올바른 형태로 셋팅시켜 사용하기에 편리하도록 한다.
② 글라스웨어는 오른쪽에 셋팅하고 커틀러리보다 위쪽으로 놓는다.
③ 글라스웨어는 스템 혹은 베이스을 잡는다. 가장자리는 만져서는 안 된다.
④ 글라스웨어의 스템은 엄지, 집게 및 가운데 손가락으로 단단히 잡는다.

글라스 웨어 셋팅 시의 주의 사항

① 글라스웨어는 가능한 덜 만진다.
② 글라스웨어는 테이블에 똑바로 놓는다.
③ 일반적으로 잔은 사용 목적에 따라 놓는다.
④ 물잔 셋팅이 베이스 글라스가 된다.
⑤ 베이스 글라스는 항상 디너 나이프보다 2.5㎝ 높게 배치한다. 다른 잔은 베이스 글라스 옆으로 나란히 놓는다.

4. 린넨 linen

제대로 된 테이블 코디네이트를 위해서는 린넨을 빼 놓을 수 없다. 린넨은 테이블을 덮는 식탁보와 식탁보 중앙에 악센트를 주는 러너(테이블의 가운데에 옆으로 길게 까는 천, 폭은 45㎝ 정도가 알맞다), 각자의 앞에 놓는 테이블 매트와 냅킨 등 테이블 셋팅에 들어가는 모든 천 종류를 통칭한다.

① 식탁보

식탁보는 식탁에서 30~45㎝ 정도 늘어뜨려지는 크기를 사용해야 품위가 있어 보이며 식탁보가 한쪽으로 쏠리거나 미끄러지는 것을 막기 위해 식탁보 밑에 별도의 언더 클로스를 깔아 주면 좋다.

식탁보는 접시나 수저가 식탁에 직접 닿아 흠집이 생기거나 딸그락딸그락 부딪히는 소리가 나는 것을 막아주며 식탁을 아름답게 장식해준다.

오랫동안 사용해 이제는 서서히 싫증나기 시작한 그릇도 식탁보를 바꾸면 새롭게 느껴질 것이며, 식탁에 꽃 한송이를 얹어 놓는다면 그야말로 금상첨화일 것이다.

정식 상차림의 식탁보는 흰색을 사용하는 것이 원칙이며 좀 더 격식을 차린 자리에서는 마 소재로 커트 레이스가 들어가 있거나 가장자리에 장식이 붙어 있는 것을 사용한다.

식탁보 위에는 음식이 담긴 그릇, 수저, 잔, 장식소품 등이 올라가므로 어떤 색과도 자연스럽게 어울릴 수 있도록 연한 색이면서 무늬가 없거나, 무늬가 있더라도 눈에 잘 띄지 않는 것이 좋다. 가장 무난한 것은 흰색의 마 제품 이지만 거기에 같은 색의 수가 놓인 것이나, 연한 베이지색이나 노란색, 핑크색 식탁보도 좋겠다. 그러나 분위기를 바꾸고 싶다면 가끔씩 화려한 색이나 무늬가 있는 것을 사용하는 것도 좋은 방법이다. 또한 식탁보 자체만 볼 것이 아니라 식탁이 놓인 공간과 조화를 먼저 생각해야 한다. 예를 들어 커튼에 무늬가 있다면 식탁보의 색은 커튼 무늬에 있는 색 중 하나를 고르는 것도 세련된 분위기를 자아내는 요령이겠다.

식탁보의 크기도 식탁의 분위기를 좌우하는 중요한 요소이다. 너무 커도 지저분하고 품위가 없어 보이고, 너무 작은 것도 멋이 나지 않는다. 식탁보는 일반적으로 식탁의 가장자리에서 35㎝ 정도 내려뜨릴 수 있는 길이가 적당하다.

② 러너

밋밋한 식탁보에 변화를 주고 싶다거나 평소보다는 화려한 분위기를 연출하고 싶다면 가지고 있는 식탁보에 어울리는 러너를 장만하자. 러너는 식탁의 중앙에 옆으로 길게 까는 천으로, 식탁 위에 부분적으로 띠를 두르는 것이라고 생각하면 된다. 폭은 45㎝ 정도가 적당하다. 특히 커다란 식탁일수록 러너를 사용하면 효과가 좋다. 가운데 둘러도 좋고 끝에 드리워도 멋스러운 느낌이 나는데, 흘러내리지 않도록 보이지 않는 곳에 핀을 고정시키면 된다. 러너를 깐 식탁에 꽃이나 양초를 하나만 놓아두어도 훨씬 고급스러운 느낌이 날 것이다.

③ 플레이스 매트

테이블 셋팅에 독창성을 줄 수 있는 것으로 옆사람과의 분리감을 줄 수 있는 것이 플레이스 매트이다. 작은 플레이스 매트는 복잡한 식탁에서 공간이 여유 있어 보이게 해주며, 뜨거운 것의 패드 역할을 하며,

식탁 위의 아름다움을 강조해준다. 정찬용에서는 보통 사용하지 않지만 자수나 레이스, 린넨 등으로 연출하면 우아한 분위기를 표현할 수 있다. 셋팅 할 때는 되도록 글라스까지 매트 안쪽으로 들어 올 수 있게 배치하고 테이블 클로스의 색과 식기의 색의 조화를 생각해서 플레이스 매트의 색과 모양을 결정해야한다.

④ 냅킨

냅킨은 용도에 따라 크기가 다르다. 레스토랑에서 흔히 볼 수 있는 냅킨은 한 변이 50㎝ 이상 되는 정찬용. 티타임용으로는 35㎝, 칵테일파티용으로는 25㎝ 크기를 사용하는데, 가정에서 사용할 때는 정사각형의 형태로 한 변의 길이가 40~45㎝ 정도면 무난하다. 보통 냅킨은 식탁보와 같은 색상, 같은 소재로 만든 것을 사용하는 것이 일반적이지만 소재는 같게 색을 대조적으로 사용하거나, 소재는 다르고 색을 같이해도 된다. 무늬 있는 식탁보의 경우 냅킨은 같은 무늬이면서 다른 색상으로 한다면 세련된 느낌이 들것이며, 식탁보와 같은 것으로 통일 시키면 고상한 느낌이 든다.

5. 센터피스 centerpiece

센터피스란 중앙에 놓인 것으로 상차리기에서는 식탁의 가운데 놓는 장식물을 말한다.

일반적으로 센터피스는 꽃이나 과일, 야채 등의 자연 소재를 이용하거나 도자기로 된 꽃이나 동물, 새 모양의 장식품 등 인공 소재를 이용하는 두 종류가 있다.

센터피스는 계절감을 주는 것이 가장 중요하다.

식탁에 꽃을 장식할 때는 앉은 사람들이 어느 각도에서나 아름답게 볼 수 있도록 꽂아야 하고, 의자에 앉았을 때 꽃을 사이에 두고 서로의 얼굴이 보여야 대화에 방해가 되지 않는다.

높이는 25㎝를 넘지 않아야 한다. 또한 꽃의 향기가 너무 진하면 음식의 냄새가 가려지고 너무 화려해도 음식이 초라해 보이므로 그날 사용하는 그릇이나 음식의 종류도 고려해서 꽃의 종류를 정한다.

꽃꽂이에 자신이 없는 사람이나 꽃값에 부담스럽다면 작은 주스 병이나 꽃을 꽂을만한 유리컵에 꽃 한 송이를 꽂거나, 꽃병에 나누어 조금씩 꽂을 수도 있고, 물이 든 유리그릇에 띄워 집안 곳곳에 놓아보면 어떨까.

또한 식사는 반드시 밝은 데서만 해야 할까?

촛불은 마음을 차분히 가라앉히고 식탁을 달콤한 분위기로 꾸며줄 수도 있고 여름에는 시원한 분위기를, 겨울에는 따뜻한 분위기를 만들어 주기도 한다.

그날그날의 분위기에 맞추면 톡톡 튀는 분위기가 나지만 가장 무난하게 차분한 분위기를 내는 방법은 식탁보와 양초의 색을 통일시키는 것이다.

촛대가 없다면 커다란 유리그릇에 물을 담고 물에 뜨는 초 몇 개를 띄운다면 어떨까.

6. 테이블 셋팅 table setting

장소의 특성과 테이블의 종류에 따라 셋팅 순서가 달라질 수 있으나 일반적인 테이블 셋팅의 순서는 다음과 같다.

테이블 셋팅의 순서

① 식탁과 의자를 점검하고 언더클로스를 깐다. → ② 테이블클로스를 편다. → ③ 센터피스를 놓는다. → ④ 서비스 접시를 놓는다. → ⑤ 메인 나이프와 포크를 놓고 생선 나이프와 포크를 놓는다. → ⑥ 수프 스푼과 샐러드 포크를 놓고 에피타이저 나이프와 포크를 놓는다. → ⑦ 디저트 스푼과 포크를 서비스 접시 위쪽에 놓는다. → ⑧ 빵 접시를 놓는다. → ⑨ 버터 나이프를 놓는다. → ⑩ 커피 컵 세트를 디저트 스푼과 포크 위쪽에 놓는다. → ⑪ 고블릿, 화이트 와인, 레드 와인 잔을 올려놓는다. → ⑫ 냅킨을 올려놓는다.

좌석 배치

식탁에 접시와 커트러리, 컵을 놓는 방법은 셋팅의 가장 중요한 포인트는 보기 좋아야 함은 물론이지만 먹기 편한가가 우선이 되어야 한다. 기본적인 배치라는 것은 사람의 신체 사이즈를 고려해 무리 없이 식사하기 좋은 형태이다.

테이블에 한 사람분의 식기를 놓는 범위는 40~45㎝로 이는 사람의 어깨 넓이 정도 이고, 깊이는 30㎝로 사람이 자리에 앉아서 팔을 뻗치면 닿을 수 있는 범위이다. 소금, 후춧가루, 설탕 등도 이 30㎝ 범위에 놓도록 한다.

또한 식기를 놓을 때도 기준이 있다. 테이블 끝에서 접시 가장자리까지 손가락 2개 정도의 길이(3㎝ 정도), 커트러리의 끝까지는 손가락 3개 정도의 길이(5㎝ 정도)로 하면 식사하기가 편안할 것이다. 그러나 이러한 기준들은 어린이들에게는 적용될 수 없으므로 대상이 누구냐에 따라 조금씩 달리하면 된다.

옆 사람과의 간격을 10~15㎝ 정도 두면 충분하다.

좌석 배치법에서는 입구에 가까운 쪽이 호스트의 자리이고 호스테스는 호스트의 맞은편에 앉는다. 호스테스 오른쪽이 상석이며, 왼쪽이 그 다음 자리가 된다. 남성 옆에는 여성이 오는 것이 상식이며, 커플끼리 나란히 앉지 않는다. 이것은 여러 사람들과 대화를 갖는 것이 식탁에서의 큰 즐거움이라는 생각에서 비롯된 것으로 상황에 따라 적절히 배치한다.

알아두어야 할 서빙매너

아무리 훌륭한 음식을 만들었다 해도 격식에 맞는 서비스를 제공하지 못한다면 그 접대는 완벽했다고 말할 수 없다. 서빙은 음식과 식공간 연출에 있어서 빼놓을 수 없는 중요한 부분이다.

1. 전채요리에서 디저트까지, 디너 파티에서는 요리가 한 가지씩 나온다.

정식의 디너에서는 요리를 한 접시에 담아 낸 후 손님들 앞에서 잘라 나눈다. 이는 따뜻한 것은 따뜻하게, 차가운 것은 차갑게 대접하기 위해서다. 와인 등 마실 것은 오른쪽에서, 요리는 왼쪽에서 서브한다. 다 먹은 음식을 물리는 것은 전부 오른쪽. 여기에는 무슨 큰 이유가 있는 것이 아니라 식기류를 다루기 쉽고, 순서를 정해둠으로써 먹는 사람도 대응하기 쉽도록 한다. 나이프는 원래 무기로 썼던 것인데 끝을 둥글게 하여 현재의 형태로 만들어 식사 도구로 사용하게 되었다. 그래서 칼끝을 바깥쪽으로 향하게 놓으면 상대방에게 적의가 있는 것으로 받아들여진다. 또 한 가지, 나이프를 연필 쥐듯이 잡고 사용하면 상스러운 행동으로 여긴다.

2. 커트러리와 글라스는 먼저 사용하는 것을 바깥쪽에

메뉴에 따라 늘어놓는 글라스나 커트러리의 수가 달라진다. 커트러리의 위치는 자리 접시를 기준으로 오른쪽에 나이프를, 왼쪽에 포크를 놓는다. 오른편 가장 바깥쪽부터 수프 스푼, 전채요리용 나이프, 고기(생선)요리용 나이프 순으로 놓고 왼편 바깥쪽부터 전채요리용 포크, 고기(생선)요리용 포크를 놓는다. 나이프의 날은 접시 쪽으로 향하게 놓으면서 손잡이의 끝은 자리 접시의 끝과 나란히 일치하게 놓아야 한다. 디저트용 스푼이나 포크는 정식 디너에서는 나중에 추가되나, 요즘은 자리 접시 위쪽에 아이스크림용 스푼, 과일용 나이프와 포크, 커피 스푼 등을 사용하는 순서에 따라 역시 바깥쪽에서 안쪽의 순서로 놓는다. 글라스의 위치는 나이프와 스푼 위쪽 오른쪽부터 화이트 와인, 레드 와인, 물컵의 순서로 놓는데 정식 디너에서는 물컵으로 고블렛(중간의 손잡이 부분이 가는 줄기처럼 되어 있는 것)을 사용한다. 빵접시는 포크 위쪽에 놓으며 버터 나이프를 곁들인다. 서양에서는 스푼 오른쪽에 커피잔을 놓는데, 이는 커피를 식사 도중에 마시는 경우가 많기 때문이다.

몽골리안스테이크

재 료

재료	분량
소고기 안심	200g
소금, 후춧가루	약간
대파	

〈소스〉

재료	분량
기름	3큰술
굴 소스	1큰술
다진 마늘	1큰술
토마토케첩	3큰술
술	2큰술
간장	1큰술
설탕	2큰술
우스터소스	2큰술
물	1/2큰술
녹말	1큰술
참기름	약간

이렇게 만들어요

1. 고기는 칼집을 넣고 소금과 후추를 뿌려 재워둔다.
2. 프라이팬에 기름을 3큰술 두르고 5㎝ 길이로 썰어 놓은 대파를 색이 날 때까지 구워 기름에 파 향이 베어 나오면 그 기름으로 고기를 구워낸다. 이 때 고기위에 밀가루를 살짝 뿌린다.
3. 팬에 기름을 두르고 다진 마늘을 볶다가 케첩과 굴 소스를 넣고 바글바글 끓인다. 여기에 간장, 물, 설탕, 후춧가루, 우스터소스, 정종을 넣고 한소끔 끓인다. 녹말 물을 넣어 농도를 맞춘 후 참기름으로 향을 낸다.
4. 접시에 곁들일 야채와 고기를 담고 소스는 다른 그릇에 담아낸 후 취향에 따라 곁들여 먹는다.

tip!

고기 재울 때 와인이나 청주를 한 큰술 뿌려두면 고기가 연해져서 좋아요.

크리스마스엔

단호박수프

재료

단호박	400g	육수	5컵	버터	4큰술
양파	1개	소금, 후추		육수	2컵
버터	2큰술	밀가루	4큰술	우유	2컵

이렇게 만들어요

1. 호박은 반을 갈라 씨를 긁어낸 다음 작고 납작하게 썰고, 양파는 채 썬다.

2. 냄비에 버터를 두르고 양파를 볶다가 호박을 넣고 같이 볶는다. 여기에 육수를 붓고 호박이 물러질 때까지 끓인다.

3. 화이트소스 만들기 : 버터가 녹으면 밀가루를 넣고 볶다가 우유를 조금씩 부어 한소끔 끓인다. 이때 우유를 너무 빨리 부으면 덩어리가 생길 수 있다. 약한 불에서 우유를 조금씩 부어가며 천천히 저어준다.

4. 뭉그러진 호박은 체로 걸러둔다. 체에 거른 호박 물과 화이트소스를 냄비에 넣어 한소끔 끓은 후 소금과 후춧가루로 간한 다음 저으면서 잠깐 더 끓이다가 불을 끈다.

5. 접시에 담은 후 생크림을 약한 불에서 뭉근하게 졸여서 수프 위에 한 방울씩 떨어뜨려 장식하거나 초록색 호박씨나 예쁜 허브 잎으로 장식해서 낸다.

tip!

고소하면서도 맛있는 단호박수프!
호박 껍질을 제거할 때 껍질이 단단해서 주의하세요. 호박을 2cm 정도의 두께로 자른 후 껍질을 칼로 썰어 잘라내시면 됩니다. 껍질이 너무 단단해서 과일 깎듯이 해서는 안 됩니다.

크리스마스엔

된장소스를 바른 참치구이샐러드

재 료

냉동 참치 ……………… 2토막
샐러드용 야채 ……… 1컵 분량
통후추 ………………… 1큰술
식용유 ………………… 1큰술
검은깨 ………………… 1큰술
참깨 …………………… 1큰술
소금 …………………… 소량
생 허브 ………………… 소량

〈오렌지 된장드레싱〉

일본 된장 ……………… 2큰술
식초 …………………… 2큰술
설탕 …………………… 1큰술
오렌지즙 ……………… 1/3컵
올리브유 ……………… 1큰술
검은깨 ………………… 1큰술

이렇게 만들어요

1. 냉동 참치는 소금물에 담근 상태로 해동한 후 키친타월에 싸서 냉장실에 보관해 둔다.
2. 참치의 겉면에 곱게 간 통후추와 소금, 검은깨, 참깨, 생 허브를 골고루 묻혀 기름 두른 프라이팬에 살짝 익힌다. 이 때 너무 속까지 익지 않도록 주의! 겉면만 2~3㎜ 정도 익도록 살짝 익혀낸다.
3. 우묵한 접시에 샐러드용 야채를 담고 0.7㎝ 두께로 슬라이스 해 양쪽 가장자리에 3~4조각씩 올린다.
4. 3에 분량의 재료를 잘 섞어 만든 오렌지드레싱을 끼얹어 낸다. 드레싱은 샐러드를 먹을 때 직접 뿌려서 먹는다.

tip!

참치 붉은 살 부분으로 만들면 고소한 맛이 있어 더 좋아요.
생 허브가 없다면 말려 분쇄한 바질 잎이나 로즈마리를 사용하셔도 좋습니다.

크리스마스엔

베이컨 아스파라거스랩

재 료

베이컨 ························ 12줄
팽이버섯 ·················· 1봉지
아스파라거스 ·············· 12개

이렇게 만들어요

1. 팽이버섯은 밑동을 자르고 깨끗이 씻어준다. 이 때 체에 밭쳐서 씻으면 훨씬 편하다.

2. 아스파라거스는 끓는 물에 소금을 한 큰술 넣고 살짝 데친 후 찬물에 잠시 넣어 둔 뒤 물기를 제거한다.

3. 베이컨으로 팽이버섯과 아스파라거스를 말아준 다음 가열한 팬에 굽거나 180℃의 오븐에 잠시 구워낸다.

tip!

푸른 야채를 더 파랗게 데치는 방법!
끓는 물에 소금을 한 큰술 넣어 보세요. 엽록소는 열에 약해서 쉽게 누렇게 변하는데 소금은 야채가 누렇게 변하는 것을 방지해 줍니다.
데친 후에는 빨리 찬물에 헹구어 열기를 빨리 식혀 주세요. 그래야 색도 예쁘게 보존되고 조직도 아삭거리게 됩니다. 꼭 기억하세요. 야채 데치는 물에는 소금 한 큰술을.

크리스마스 테이블 연출

누구나 기다리는 크리스마스.

크리스마스가 다가오면 설레임 속에 즐거운 파티를 기대하게된다. 오랜만에 가족들과 함께, 또는 친구들과의 즐거운 파티를 마련해보면 어떨까?

오늘은 내가 산타클로스가 되어 사랑하는 사람들에게 작은 설레임과 기쁨을 나누어주는 조촐한 파티를 꾸며보자.

크리스마스의 컬러는 당연 포인세티아를 연상시키는 빨강과 초록. 빨간색 러너로 포인트를 주고, 녹색 잎사귀를 이용해 빨강과 초록의 대비로 즐겁고 신나는 크리스마스의 홍취를 한층 높였다.

연말 친구 모임엔

치킨화지타

재 료

- 또띠아 ······ 4장
- 닭 가슴살 ······ 150g

〈닭고기 소스〉

- 우스터소스 ······ 1큰술
- 오레가노 ······ 1작은술
- 화이트와인 ······ 2큰술
- 다진 마늘 ······ 1/2작은술

〈야채볶음〉

- 양파 ······ 1/2개
- 청. 홍피망 각 ······ 1/2개씩
- 우스터소스 ······ 1/2큰술
- 식초 ······ 1큰술
- 설탕 ······ 1/2작은술
- 소금, 후춧가루 ······ 소량
- 식물성 기름

이렇게 만들어요

1. 양파는 반 갈라 굵게 채 썰고, 피망은 속 씨를 제거하고 같은 크기로 썬다.
2. 프라이팬에 기름을 두르고 채 썬 양파와 피망을 볶으면서 우스터소스와 설탕, 식초, 소금, 후춧가루로 양념해 맛을 낸다.
3. 닭고기 소스에 닭 가슴살을 재워 간이 배게 한다.
4. 뜨겁게 달구어진 석쇠에 기름을 바르고 소스에 재운 닭고기를 얹어 구워 손가락 굵기로 약간 어슷하게 저며 썬다.
5. 토마토 살사소스와 야채 : 토마토 1/2개, 풋고추 1개, 양파 1/8개, 다진 마늘 1/4작은술, 올리브 오일 1큰술, 소금 조금, 바질 1/4작은술, 후춧가루 조금
   - 토마토는 끓는 물에 데쳐 껍질을 벗긴 다음 굵게 썬다. 양파와 고추도 잘게 다진다. 여기에 다진 마늘, 바질, 올리브유, 소금과 후춧가루로 간 하여 버무린다.
6. 구아카몰 소스 : 아보카도 1/2개, 생크림 1/6컵, 소금, 흰 후춧가루, 레몬즙 1큰술
   - 아보타도는 잘 익은 것을 택하여 반을 갈라 비틀어서 씨를 뺀 다음 껍질을 벗기고 으깨어 둔다. 여기에 생크림, 소금, 후추와 레몬즙을 잘 섞는다.
7. 오븐이나 전자레인지에 따끈하게 데운 또띠아에 야채, 닭고기와 소스를 곁들여 싸먹는다.

연말 친구 모임엔

토마토컵도리아

재료

토마토	2개	밥	1 1/2공기	소금	조금
양파	1/4개	토마토케찹	1/2작은술	후추	조금
피망	1/2개	빵가루	1/2작은술		
베이컨	1장	치즈가루	1/2큰술		

이렇게 만들어요

1. 토마토 깨끗이 씻어 꼭지 부분을 잘라내고 속을 숟가락으로 파낸다. 이 때 밑 부분에 구멍이 생기지 않도록 주의한다.

2. 종이 타월위에 속 파낸 토마토를 거꾸로 엎어 놓아 물기를 뺀다.

3. 팬에 기름을 두르고 잘게 다진 양파와 피망, 베이컨, 1의 토마토속을 함께 볶는다. 여기에 밥을 넣고 볶다가 토마토케찹을 넣고 좀더 볶는다.

4. 볶아놓은 밥을 토마토 안에 채워 넣고 그 위에 치즈와 빵가루를 뿌린다.

5. 준비 된 토마토를 180℃로 예열된 오븐에 놓고 10분 정도 구워 치즈가 녹아 색이 살짝 날 때 꺼내준다.

tip!

토마토 도리아를 오븐에 구울 때 너무 오래 구우면 껍질이 갈라질 수 있어요. 치즈가 녹아 살짝 색깔이 날 정도만 잠깐 구워야 해요. 토마토 대신에 파프리카나 피망은 어떨까요. 빨갛고 노란 파프리카라면 정말 예쁘겠죠.

참치그린롤

재 료

참치	1캔	파슬리	1작은술	소금	소량
양파	1/4개	마요네즈	2큰술	후추	소량
다진 피클	2큰술	토마토	1/4개		
다진 샐러리	1큰술	오이	1개		

이렇게 만들어요

1. 참치는 체에 받쳐 물기를 없애 준다. 30분 정도 두어 기름기를 제거한다.
2. 야채는 모두 다져 놓는다.
3. 볼에 참치와 야채 모두를 넣고 마요네즈와 소금후추를 뿌려 버무려 놓는다.
4. 오이는 2㎜ 길이로 얇게 슬라이스 해 놓고 소금을 약간 뿌려 놓는다.
5. 토마토는 3㎜ 주사위 모양으로 썰어 놓는다.
6. 3의 참치를 둥글고 긴 모양으로 만들고 그 둘레를 4의 오이로 돌돌 말아준다.
7. 그 위에 토마토를 올리고 파슬리를 꽂아 예쁜 그릇에 담아낸다.

tip!

참치롤 위에 붉은 색의 토마토 다진 것과 파슬리를 조그맣게 잘라 장식한다면 깜찍하겠죠. 연어알이나 날치알을 올리면 어떨까요? 씹을 때 톡하고 터지는 맛까지 곁들여 진다면 더 맛있겠죠. 예쁜 허브 잎도 좋고 다양하게 장식해보세요.

연말 친구 모임엔

카프리제샐러드

재료

토마토	1개
후레쉬 모짜레라치즈	80g
바질	5g
양상추	약간
치커리	약간
후추	약간

〈발사믹드레싱〉

올리브유	6큰술
발사믹식초	3큰술
꿀	3큰술
소금	조금
후추	조금

이렇게 만들어요

1. 후레쉬 모짜렐라치즈는 한입 먹기 좋게 얇게 저며 썰어 둔다.
2. 토마토도 후레쉬 모짜렐라치즈와 같은 크기로 먹기 좋게 얇게 썰어 둔다.
3. 썰어 놓은 후레쉬 모짜렐라치즈와 토마토를 접시에 돌아가면서 장식하고, 그 사이사이에 바질 잎을 끼워준다.
4. 드레싱은 분량대로 섞어서 끼얹는다.
5. 양상추와 치커리로 장식을 해 준다.

tip! 후레쉬 모짜렐라치즈를 방울 토마토와 같은 정도의 크기로 자른 후 나무 꼬치에 꽂아 보면 어떨까요? 이 때 블랙 올리브나 그린 올리브를 곁들이셔도 좋겠죠.
그릇에 예쁘게 담아도 좋고, 예쁜 유리컵에 보기 좋게 꽂아 보면 어떨까요? 늘 먹던 음식도 조금은 다르게 담아 보세요. 색다르게 느껴질 거예요.

연말 모임 초대 테이블 연출

손님을 맞이하는 일은 왜 이리 어려운지...
그래도 해야 한다면 좀 폼나게 해보자.
한해를 정리하는 연말.
늘 함께 해 온 친구들과 조금은 특별한 식사 시간을 가져보자.

금빛 수가 새겨진 레이스를 식탁보 위에 덧씌워 화려하면서도 우아한 식탁을 연출해보면 어떨까. 여기에 금태를 두른 접시를 맞춰 셋팅한다면 왕후의 식탁 부럽지 않은 우아한 연말 식탁이 될 것이다.
코스 식으로 대접할 때는 각각의 음식을 1인분씩 담아내는 방법과 커다란 접시에 담아 상 가운데에 놓고 각자 덜어 먹을 수 있게 내는 방법의 두 가지가 있는데, 전채요리와 주식만 1인분씩 담아내고 다른 요리는 커다란 접시에 담아 각자 덜어 먹게 하는 방법이 가장 무난하다. 모든 코스를 1인분씩 담아내는 것은 손님 수가 적을 때 적당한 방법이다.

서양요리, 전채요리에서 디저트까지, 세련되게 먹기

서양 정찬 메뉴는 전채요리에서 후식까지 재료, 빛깔, 맛 등에 변화를 주면서 전체의 균형을 잡아주며, 그 제공순서는 다음과 같다.

서양 정찬 메뉴 제공순서

① 전체요리 → ② 수프 → ③ 생선요리 → ④ 앙트레(생선요리 다음에 나오는 요리로 디너 중간에 나오는 요리라는 의미로 미들 코스라고도 함) → ⑤ 주요리(앙트레 다음에 내는 요리) → ⑥ 샐러드 → ⑦ 디저트 → ⑧ 음료

샐러드, 길쭉한 야채는 손으로 먹어도 된다

샐러드와 함께 나온 드레싱이 묽을 때는 야채에 직접 끼얹고, 크림처럼 걸쭉할 때는 접시의 빈자리에 떠놓고 야채를 찍어 먹는다. 포크를 사용하는 것이 원칙이지만 기다란 샐러리나 아스파라거스는 손으로 먹어도 된다.

빵은 왼쪽에 놓인 것이 내 것

빵은 자리 접시 왼쪽에 놓인 것이 내 것이다. 입으로 베어 먹지 말고, 손으로 적당한 크기로 떼어 먹어야 한다. 빵은 샐러드나 수프 등과 함께 먹기 시작하면 되는데, 생선이나 고기요리 등 주요리를 마칠 때까지 아무 때나 먹어도 된다. 서양 요리를 먹을

때 머리나 얼굴을 만지지 말라는 이유는 빵처럼 손으로 먹어야 하는 음식이 있기 때문이다. 그릇에 남은 수프나 접시에 묻은 소스를 빵으로 닦아내듯이 문질러 먹는 것은 실례가 아니다.

손잡이가 달린 수프 그릇은 들고 마셔도 된다

수프를 먹을 때는 맨 오른쪽에 있는 수프용 스푼을 사용해 몸쪽에서 바깥쪽으로 향해 떠서 마신다. 수프가 조금 남았을 때는 스푼과 그릇이 부딪히는 소리가 나지 않도록 왼손으로 접시를 가볍게 기울인 다음 떠서 마신다. 다 먹은 후에는 스푼의 손잡이가 오른쪽으로 향하게 하여 약간 비듬하게 접시 위에 걸쳐 놓는다. 수프가 나오면 무조건 후춧가루부터 치고 보는 사람이 많은데 이는 요리한 사람에 대한 실례이다. 한번 떠 먹어본 후 소금과 후춧가루를 자기 입맛에 맞게 넣는 것이 좋다. 수프 그릇 중에 양쪽에 손잡이가 달린 것이 있는데, 이는 손잡이를 들고 마셔도 무방하다는 뜻이다.

고기요리, 한 조각씩 잘라 먹어야 맛있게 먹는다

고기 요리는 한 입에 먹을 분량만큼씩 잘라 먹는 것이 좋다. 한 번에 다 잘라 놓으면 고기 속에 배어있는 육즙이 빠져나와 깊은 맛이 덜하고 음식이 식어 딱딱해지기 때문이다. 그렇지만 로스트 치킨이나 양갈비구이 등뼈가 붙은 고기요리는 먼저 뼈와 살코기 부분을 분리한 다음 한입 크기로 잘라먹고, 뼈는 접시 한쪽에 모아놓는다. 닭다리를 이용한 요리 중에 종이나 은박지로 장식한 것이 있는데, 이는 손으로 들고 먹어도 된다는 뜻은 아니므로 주의한다. 다른 요리를 먹을 때와 마찬가지로 포크와 나이프를 사용해 뼈를 발라내가며 먹도록 한다.

식사를 마친 접시를 치우고 싶을 때는

식사를 마치고 나면 접시를 치워달라는 의사 표시를 포크와 나이프로 한다. 사용한 포크와 나이프를 접시 위에 놓되, 시계의 작은 바늘이 4시를 가리키는 위치로 나이프는 바깥쪽, 포크는 안쪽에 나란히 올려놓으면 된다. 이 때 나이프의 날은 자신 쪽으로 향하게 하고 포크는 등이 밑으로 가게 한다.

케이크, 뾰족한 쪽부터 먹기 시작 한다

디저트로 나오는 케이크도 포크와 나이프를 사용해서 먹는 것이 원칙이다. 직삼감형의 뾰족한 끝부분이 왼쪽에 오도록 케이크를 놓은 후 나이프와 포크를 사용해서 왼쪽부터 한입크기로 썰어 먹는다. 동그란 모양으로 담겨져 나온 아이스크림은 위쪽부터 떠먹지 말고 자기 앞쪽부터 떠먹는 것이 보기에 좋다. 껍질째 나온 과일은 껍질을 벗긴 다음 나이프와 포크를 사용해 썰어먹고, 껍질이 벗겨져 나온 과일은 포크로 찍어 먹거나 손으로 집어 먹는다.

핑거 볼 사용법도 알아두자

해물요리를 먹거나 디저트로 과일이 나올 때 레몬을 띄운 물그릇이 함께 나오는 경우가 있다. 바로 이것이 손가락을 씻기 위한 핑거볼로 한 손씩 교대로 손가락 끝만 살짝 씻는다.

소금과 후추통이 구별 안 될 때

테이블에 놓인 소금통과 후추통, 보통은 salt, pepper로 구별하기 쉽게 씌워져 있지만 아무런 표시가 없을 때는 어떻게 해야 하나? 윗부분에 있는 구멍의 수를 확인하자. 대개 소금통은 구멍이 한 개, 후추통은 구멍이 여러 개 뚫려 있다.

생선요리, 뼈가 있다고 뒤집으면 안 된다

통째로 요리한 생선을 먹을 때는 윗면을 다 먹은 다음 뼈를 떼어내고 아랫면을 먹어야지 뒤집으면 소스가 튀기 쉬우므로 세련된 매너라 할 수 없다. 레몬이 곁들여 나오는 경우에는 레몬즙을 손으로 짜지 말고, 생선 위에 올려놓고 끝을 포크로 누른 후 나이프의 넓은 면으로 살짝 눌러 즙을 내면 된다. 다 먹고 난 뼈와 머리 등은 흉하지 않게 접시 한쪽으로 모아둔다.

만둣국

재 료

재료	분량	재료	분량	〈만두소 양념〉	분량
밀가루(중력분)	60g	달걀	1개	소금	1/2작은술
쇠고기	50g	미나리	20g	다진 파	1작은술
두부	50g	국 간장	조금	다진 마늘	1/2작은술
숙주	30g	소금	조금	깨소금, 참기름, 후춧가루	조금
배추김치	40g	식용유	조금		

이렇게 만들어요

1. 밀가루는 소금물로 반죽하여 젖은 행주를 덮어둔다.
2. 쇠고기의 일부는 곱게 다지고, 일부는 육수를 만든다.
3. 두부는 물기를 짜서 으깨고, 숙주는 소금물에 데쳐 다지고, 김치도 곱게 다져서 물기를 짠다.
4. 쇠고기, 두부, 숙주, 김치를 섞은 후 다진 파, 다진 마늘, 소금, 후추, 깨소금, 참기름으로 양념하여 속을 만든다.
5. 밀가루 반죽을 밀대로 밀어 얇고 둥글게 지름 6~7㎝의 만두피를 만들어 소를 넣고 접어서 양 끝을 맞붙여 둥근 만두를 만든다.
6. 달걀은 황/백 지단, 미나리 초대를 부쳐서 마름모꼴로 썬다.
7. 육수를 끓여 소금과 간장으로 간을 하여 만두를 넣고 떠오르면 국물과 같이 그릇에 담고 달걀지단, 미나리 초대를 띄워 낸다.

어선

재료

- 동태(껍질이 있는 냉동상태, 소) ······ 1마리
- 흰 후춧가루, 소금 ········ 약간
- 표고버섯 ········ 2장
- 간장, 참기름, 설탕 ········ 약간
- 당근(곧은 것, 4㎝ 정도) 40g
- 청오이(곧은 것, 4㎝ 정도) ······ 30g
- 달걀 ········ 1개
- 녹말가루 ········ 2큰술
- 식용유 ········ 조금
- 소금 ········ 조금

〈초간장〉

- 간장 ········ 1큰술
- 식초 ········ 1큰술

이렇게 만들어요

1. 생선은 얇게 포를 떠서 소금, 후춧가루를 뿌린다.
2. 당근은 0.3㎝ 굵기로 채 썰고, 오이는 돌려깎기 하여 같은 굵기로 채 썰어서 소금을 조금 뿌렸다가 가볍게 물기를 짠다.
3. 표고버섯은 물에 불려 기둥을 떼고 채로 썰어서 간장, 설탕, 참기름으로 버무린다.
4. 달걀은 황/백으로 나누어 지단을 부친 다음 0.3㎝ 굵기로 채 썬다.
5. 프라이팬에 기름을 두르고 준비한 당근, 오이, 표고를 각각 볶아낸다.
6. 도마에 대발을 놓고 그 위에 젖은 행주를 깐 다음 생선살을 빈틈없이 펴서 놓고 녹말가루를 뿌린 후 볶아 놓은 재료, 황/백 지단채를 색깔 맞추어 길게 놓고 말아서 양 끝에 녹말을 바르고 둥글게 말아 김이 오르는 찜통에 넣어 10여 분간 찐다.
7. 생선이 식으면 2㎝ 길이로 잘라 접시에 담는다.
8. 초간장을 함께 곁들인다.

떡산적

재 료

- 흰떡(가래떡 굵은 것, 7㎝ 정도) ······ 100g
- 간장 ······ 1/3작은술
- 참기름 ······ 1작은술
- 쇠고기(살코기, 8㎝ 정도) 50g
- 간장 ······ 1+1/2작은술
- 설탕 ······ 3/4작은술
- 다진 파 ······ 1/2작은술
- 다진 마늘 ······ 1/4작은술
- 깨소금, 참기름, 후춧가루 약간
- 식용유 ······ 조금
- 산적꼬치 ······ 2개

이렇게 만들어요

1. 흰떡은 6㎝ 길이로 잘라 굵은 떡은 길이로 4등분해서 심을 약간 제거한 다음 딱딱하면 데쳐서 말랑하게 하여 유장(간장, 참기름)에 무쳐 놓는다. 가래떡 대신에 떡볶이떡을 사용하여도 좋다.

2. 파, 마늘은 곱게 다져둔다.

3. 쇠고기는 1㎝×7㎝×0.5㎝로 썰어 두들겨서 양념하여 재워둔다.

4. 산적꼬치에 흰떡과 쇠고기를 번갈아가며 끼운다. 이 때 꼬치의 양끝이 1㎝ 정도 남도록 한다.

5. 프라이팬에 식용유를 두르고 쇠고기는 속까지 완전히 익히고, 떡은 깨끗하게 익힌다.

6. 그릇에 담을 때 산적들이 반쯤 겹쳐질 수 있도록 담고, 산적 위에 잣을 곱게 다져 만든 잣소금을 뿌려 장식해 낸다.

tip!

고기는 구우면서 약간 수축하게 되므로 떡 길이보다 1cm 정도 여유 있는 길이로 썰어두어야 완성했을 때 길이가 비슷해 정갈해 보여요.

새해손님초대요리

파산적

재료

쪽파	50g	설탕	1/2작은술	산적꼬치	2개
소금, 참기름	약간	다진 파	1/2작은술	소금	조금
쇠고기(우둔살, 8㎝ 정도)	50g	다진 마늘	1/4작은술	식용유	조금
간장	1작은술	참기름, 후춧가루	조금		

이렇게 만들어요

1. 파는 다듬어 씻어 가지런히 하여 7㎝ 길이로 썰어 소금, 참기름으로 무친다.

2. 쇠고기는 길이 8㎝, 두께 0.5㎝, 폭은 1.5㎝ 크기로 잘라 자근자근 두들겨 양념한다. 이 때 고기는 구워지면서 약간 수축하므로 파 길이보다 1㎝ 정도 여유 있는 길이로 썰어두어야 완성했을 때 길이가 비슷해 정갈해 보인다.

3. 산적꼬치를 다듬어 파와 쇠고기를 번갈아 끼워 꼬치의 양끝이 1㎝ 정도 남도록 한다.

4. 프라이팬을 뜨겁게 하여 식용유를 두르고, 파를 살짝 들어주어 고기가 반쯤 익었을 때 파의 모양을 살려 재빨리 굽는다.

5. 그릇에 담을 때 산적들이 반쯤 겹쳐질 수 있도록 담고, 산적 위에 잣을 곱게 다져 만든 잣소금을 뿌려 장식해 낸다.

tip!

잣소금을 만들어 보세요. 잣을 곱게 다져서 음식에 위에 고명으로 뿌릴 수 있게 만든 것을 잣소금이라고 합니다. 견과류인 잣은 지방 함량이 많아서 다질 때 도마 위에 유산지나 페이퍼 타올을 깔고 다지셔야 엉기지 않고 좋아요.

한식
테이블 연출

요즘 문구점에 가면 예쁜 한지가 너무 많다.

센터피스에 한지를 깔고 소국 한 송이 놓았더니 제법 그럴 듯 하다. 꽃 꽂을 꽃병이 마땅치 않다면 예쁜 그릇에 물을 담고 꽃 몇 송이 띄워 놓으면 어떨까? 이래저래 작은 그릇은 편안하고 내추럴한 느낌의 식탁을 꾸미는 데 한몫하니 제법 운치 있는 한식 상차림이 연출 될 것이다.

음식도 상에 한꺼번에 올려놓으면 푸짐한 느낌은 들지만 너무 많은 음식이 한꺼번에 차려져 있으면 보기만 해도 질리는 경우가 있다. 이왕이면 음식을 서너 번에 나누어 서빙 해 보면 어떨까? 한 상에 쭉 차렸던 방법에 비해 훨씬 깔끔하고 세련된 느낌이 들 것이다. 음식을 내는 순서는 처음에는 차갑고 약간 자극적인 맛이 나는 전채 요리로 입맛 돋운 후 고기나 생선을 주재료로 볼품 있게 만든 주 요리를 낸다. 어느 정도 식사가 진행된 후에 밥이나, 국수, 만두 등 주식을 내는 것이 요령이다. 디저트는 차린 음식을 모두 물린 후에 내면 된다.

松竹
松問竹
風雪滿山谷
吾能守強項
可折不可曲
竹答松
高高易摧折
但守青春色
低頭任風雪
李植

우리가 꼭 알아야 할 식사 예절

숟가락과 젓가락을 바르게 잡는 법은 익혀야 한다

간혹 숟가락이나 젓가락질이 서툴러 상에서 음식을 흘리는 사람이 있다. 또 상에 음식을 흘릴 정도는 아니더라도 젓가락을 어색하게 잡은 손을 보면 가정교육을 의심하게 된다. 우리 일상생활에서 숟가락과 젓가락을 제대로 잡는 것은 서양 요리를 먹을 때 포크와 나이프를 능숙하게 사용하는 것보다 더 중요한 일이다. 숟가락과 젓가락은 알맞은 길이로 잡으며 함께 들지도 않는 것이 기본 예의다. 젓가락 길이를 고른다고 상 위를 두들기는 것도 실례이고 식사 중 숟가락이나 젓가락을 공중에서 휘두르거나 무언가를 가리키면 복이 날아간다고 꺼리기도 한다.

밥은 숟가락으로 먹는 게 좋다

우리나라 사람들은 손으로 반찬을 집어 먹는다든지 밥그릇을 입에 대고 젓가락으로 음식을 밀어 넣는 것은 점잖지 못한 행동으로 여긴다. 한식을 먹을 때는 국물뿐 아니라 밥도 숟가락으로 먹는 것이 정식이다. 젓가락은 반찬을 집는 정도로만 사용한다.

우리 음식에도 먹는 순서가 있다

차린 음식을 먹을 때는 먼저 숟가락으로 국물이 있는 음식을 떠먹은 다음 다른 음식을 먹는다. 국이 있으면 국을, 아니면 물김치를 떠서 먹는다. 밥은 한쪽만 우묵하게 파서 먹지 말고 위부터 먹어야 보기 좋다. 젓가락으로 반찬을 집을 때는 뒤적

이거나 들었다 놓았다 하지 말고 위에 있는 것부터 단번에 집어야 다른 사람에게 좋은 인상을 줄 수 있다.

어른이 수저를 먼저 든 후에 수저를 든다

어른과 함께 식사를 한다고 해서 반드시 지켜야 할 까다로운 예절이 있는 건 아니다. 다만 어른을 공경하는 마음으로 행동하는 것이 곧 지켜야 할 예절이 된다. 어른이 수저를 든 다음에 아랫사람이 수저를 드는 것은 기본 상식이고 상에 앉을 때고 어른이 자리에 앉은 다음 아랫사람이 앉는다. 좀 더 신경을 쓴다면 어른이 편히 앉으라고 말한 다음에야 편히 앉는다. 음식 그릇에 덮개가 있을 때는 어른 것을 아랫사람이 벗기는 것이 예의이고 이가 좋지 않은 노인을 모시고 먹을 때는 깍두기나 김치 등 씹는 소리가 크게 나는 음식은 먹지 않거나 먹더라도 조심스럽게 먹어야 한다.

어른에게 술을 따를 때는 두 손으로

어른을 모시고 술을 마시는 자리에서는 지켜야 할 예절이 있다. 술은 어른에게 먼저 권하고 어른이 먼저 마신 다음 아랫사람이 마신다. 어른에게 술을 드릴 때는 무릎을 꿇고 앉아서 두 손으로 주전사를 들어서 술을 따른 다음 술잔을 두 손으로 받들어 올리는 것이 예부터 술자리에서의 예절이다. 조선시대에는 술을 따를 때 도포의 도련이 음식물에 닿을까봐 왼손으로 오른편 도포자락을 잡고 오른손으로 술을 따르는 풍습이 있었는데, 아직도 이 풍습이 남아 있어 어른에게 술을 따를 때는 언제나 오른손 밑에 왼손을 받친다. 또한 무조건 자신보다 나이가 많다고 해서 돌아서 마시는 것이 아니라, 어른이 16살 이상 연장자일 때 돌아서 마시도록 한다.

와인에 어울리는 핑거푸드

캐비어와 크로스티니

재료

식빵 ························· 5장
올리브유 ················· 3큰술
샤워크림 ··················· 100g
캐비어 ······················ 40g

이렇게 만들어요

1. 식빵은 원하는 크기로 썰거나 쿠키커터로 예쁘게 찍어낸다.
2. 오븐팬에 식빵을 놓고 올리브유를 베이킹 붓으로 윗면에 얇게 바른 다음 160℃로 예열된 오븐에서 약 10분간 노릇하게 굽는다. 이 때 너무 진한 색이 나지 않도록 주의한다.
3. 구워진 크로스티니 위에 샤워크림을 살짝 올리고 그 위에 캐비어를 얹는다.

tip! 부드러우면서도 고소한 크로스티니는 어떠한 재료와도 잘 어울린답니다.
치즈와 햄을 얹으면 고소한 햄, 치즈 크로스티니가 되죠.
플레인요구르트와 과일을 예쁘게 얹어 보면 어떨까요? 보기만해도 향기롭겠죠.
다양한 재료로 도전해 보세요.

스테이크 부르스케타

재료

재료	분량	재료	분량	재료	분량
바게트	1/2개	소고기 안심	200g	올리브유	2큰술
올리브유	3큰술	양파	1/2개	마늘 다진 것	1큰술
마늘 다진 것	1큰술	우스터소스	2큰술	후추	소량

이렇게 만들어요

1. 바게트를 1㎝ 두께로 썰어 베이킹팬에 겹치지 않도록 놓고 올리브유, 마늘, 후춧가루를 섞어 붓으로 윗면에 바른다.
2. 준비 된 바게트는 예열된 180℃의 오븐에서 노릇하게 구워준다.
3. 소고기와 양파는 얇게 썰어준다.
4. 가열한 팬에 올리브유를 두르고 마늘과 양파를 볶아준 다음 소고기를 넣고 후춧가루와 우스터소스를 뿌려주며 굽는다.
5. 부르스케타 위에 볶아 놓은 고기를 나누어 얹는다.

tip!

스테이크 부르스케타는 간단히 요기할 수 있어서 간식으로도 제격이고 와인에 곁들일 수 있는 핑거푸드로 아주 좋아요.
고기는 부드러운 안심이 구이용으로 적당합니다. 때로는 등심부분으로 하셔도 괜찮아요.

캐비어와 훈제연어 카나페

재 료

식빵	4장
캐비어	20g
훈제연어	70g
크림치즈	2큰술
사워크림	2큰술
버터	1큰술

이렇게 만들어요

1. 식빵은 쿠키커터를 사용하여 한입 크기로 찍어내거나 한입 크기로 잘라내고 윗면에 버터를 얇게 바른다.
2. 버터 바른 식빵을 160℃로 예열된 오븐에서 10분 정도 구워준다.
3. 슬라이스 된 훈제연어를 1.5㎝×10㎝ 크기로 썰고 돌돌 말아주어 꽃 모양을 만든다.
4. 크림치즈와 사워크림을 섞어준 다음 토스터 위에 바르고 훈제연어와 캐비어를 얹어준다.
5. 접시에 담을 때 작은 생 허브를 곁들여 낸다.

tip! 사워크림은 지방함량이 많은 유제품으로 우유 크림에 유산균을 접종하여 발효시켜 만든 크림으로 유산균으로 발효시켜 신맛이 나는 걸쭉한 크림 형태입니다.
각종 샐러드 드레싱과 빵이나 과자 만들 때도 많이 쓰입니다. 새콤하면서도 고소한 크림치즈와 사워크림을 섞어주면 훈제연어, 캐비어와 훌륭한 맛의 조화를 느낄 수 있습니다.

토마토 부르스케타

재 료

바게트	1/2개	바질	1/4컵
올리브유	3큰술	소금	1/4작은술
마늘 다진 것	1큰술	올리브유	2큰술
토마토	3개		

이렇게 만들어요

1. 바게트를 1㎝ 두께로 썰어 베이킹팬에 겹치지 않도록 놓고 올리브유, 마늘, 후춧가루를 섞어 붓으로 윗면에 바른다.

2. 기름 바른 바게트는 예열된 180℃의 오븐에서 10분 정도 노릇하게 구워준다.

3. 토마토는 씨를 제거하고 잘게 썰어 채 썬 바질, 올리브유, 소금과 함께 섞는다.

4. 부르스케타 위에 재료를 나누어 얹는다.

tip! 토마토 껍질 제거하기. 생 토마토는 껍질 벗기기가 쉽지 않죠. 이럴 때 해보세요. 냄비에 물을 끓여 팔팔 끓으면 토마토를 넣고 잠시 데쳐줍니다. 이 때 너무 오래 데치면 과육까지 익어서 안돼요. 토마토를 살짝 한번 굴려준다는 느낌을 데친 후 바로 건져 차가운 물에 담가주세요. 토마토가 식으면 껍질을 벗기고 반으로 잘라 씨를 제거하시면 됩니다.

와인 파티
테이블 연출

색이 주는 이미지는 강렬하다. 그래서 몇 가지 컬러의 그릇과 린넨만 있다면 그날의 분위기에 맞는 개성 있는 식탁을 연출 할 수 있다. 검정과 빨간색으로 조금은 강렬한 느낌의 와인 파티를 연출해보았다.때로는 대담하고 세련되게, 때로는 밝고 귀엽게 자기만의 색이 느껴지는 식탁 차리기를 연구해보자.

파티에서 손님들에게 그날 서빙 되는 와인의 종류를 미리 알려주고 준비된 와인 중 마음에 드는 것을 계속 고르게 하는 것도 센스. 어떤 와인을 골라야 할지 망설여진다면 와인 전문점에 가서 그날 자신이 준비할 요리에 어울리는 와인이 어떤 것일지 조언을 받아 준비하는 것도 좋다. 단, 화이트 와인과 레드 와인을 위해 일인당 와인 잔은 두 개 정도 준비하는 것이 좋다.

제대로 알아두면 좋은 와인 서비스

레드와인

① 와인 바스켓을 이용하여 와인을 서비스하며, 손님에게 주문한 상표명과 빈티지를 확인시킨다.

② 와인을 개봉한다. 이 때 와인 바스켓의 와인이 흘러내릴 수 있으므로 바스켓 밑 부분에 냅킨을 넣어 각을 줄이고 오픈한다.

③ 개봉 후 코르크 마개는 코르크스탠드를 이용하여 테스팅 시 손님에게 보여준다.

④ 다시 병목 주위를 깨끗이 닦는다.

⑤ 서브 요령은 바스켓을 오른손의 엄지와 중지 사이에 끼워 잡고 검지로 병을 살짝 누르면서 잡는다.

⑥ 주문한 손님에게 먼저 맛을 보게 한 다음 좋다는 승낙이 있으면 사회적인 지위나 성별, 연령 등을 참작하여 서브한다.

⑦ 글라스와 술병의 높이는 약간 떨어지게 하여 글라스의 1/3 정도 서브하고 병을 약간 돌려서 위로 올린다. 이 때 클로스를 쥐고 있는 왼손은 가볍게 뒤쪽 허리 등에 붙이고 서브한다.

⑧ 서브가 끝날 때마다 술병을 조심스럽게 서비스 클로스로 닦아 술 방울이 테이블이나 손님의 옷에 떨어지지 않도록 주의한다.

화이트 와인

① 적절한 온도를 유지하기 위하여 화이트 와인은 가루얼음과 물이 채워진 와인 쿨러나 냉장고에 넣어 두어야 한다.

② 병마개는 손님 앞에 준비된 와인 쿨러 속에서 따야한다.

③ 화이트 와인은 양을 레드 와인보다 더 적게 서비스한 후 계속적으로 차가운 온도의 화이트 와인을 먹을 수 있도록 한다.

④ 글라스와 와인병과의 높이는 2~3㎝ 정도가 적당하다.

세련미를 더해주는 식당 테이블 매너

테이블에 앉을 때는 종업원의 안내를 받자

식당을 찾으면 대개 종업원의 안내를 기다지리 않고 자신이 앉고 싶은 자리를 골라 앉곤 한다. 그러나 입구에 서서 잠시 기다렸다가 종업원의 안내를 기다려 그들이 지정해주는 자리에 앉는 것이 바른 매너다. 지정받은 자리에 가서는 웨이터가 맨 먼저 빼주는 의자가 상석이다.

핸드백은 테이블에 올려놓지 않는다

여성의 경우 핸드백을 어디에 두어야 할 지 몰라 당황하는 경우가 많은데, 핸드백이 작은 때는 자신의 의자 등 뒤에 올려놓는다. 핸드백이 크거나 의자 등받이가 뚫려 있는 경우에는 의자의 오른쪽 다리에 붙여 바닥에 놓는다. 작은 손지갑이라도 테이블 우에 올려놓아서는 안 된다.

종업원을 부를 때는 조용히

웨이터를 부를 때는 가볍게 눈짓으로 표시해야지 소리 내 부르는 행동은 피하는 것이 좋다. 만약 종업원이 알아차리지 못한다면 손을 눈높이까지 들어 의사 표시를 한다.

모르는 것이 있으면 종업원에게 물어 보자

메뉴판을 펼쳤는데 모르는 음식 이름이 나오면 주저하지 말고 종업원에게 물어 봐도 된다. 괜히 어떤 음식이 좋을지 몰라 남이 선택한 메뉴를 그래도 따라 주문하는 것이 오히려 세련되지 못한 행동이다. 먹는 방법을 모를 때로 마찬가지이다. 괜히 어색하다고 옆사람을 따라 하다가는 오히려 실수를 할 염려가 있으므로 궁금한 것은 무엇이든지 물어 보는 것이 자연스러운 매너다.

스파게티는 포크로 돌돌 말아 깔끔하게 포크는 시계 방향으로, 남은 소스는 빵에 발라 맛있게

스파게티를 먹을 때는 포크에 깔끔하게 감아서 한입에 쏙 넣고 조용히 먹는 것이 기본 매너다. 이탈리아 사람들은 스파게티를 포크로 감아올릴 때 시계 반대 방향으로 돌리면 불행이 찾아온다고 믿는다. 물론 사실은 아니겠지만 그 나라의 문화를 이해한다는 의미에서라도 포크를 반대방향으로 돌리는 일은 삼가자. 스파게티를 포크 하나로 먹는 일이 쉽지만은 않지만 의외로 간단한 방법이 있다. 우선 한입에 넣기 적당한 양을 포크에 끼워 들어 올려 접시 가장자리로 옮긴다. 그 다음 포크를 시계방향으로 돌려가면서 돌돌 감는다. 접시 밑바닥에 남은 스파게티와 소스는 어떻게 해야 할까. 이 때부터는 포크만으로 해결하기 힘들다. 곁들여 나오는 빵을 잘 이용하자. 빵과 포크로 스파게티 국수와 소스를 잘 모은 다음 포크로 빵 위에 국수와 소스를 얹어 먹는다. 이렇게 하면 포크 하나로도 깔끔하고 맛있게 스파게티를 먹을 수 있다.

치즈가루는 토마토소스나 미트소스에만 뿌린다

해물을 넣은 스파게티에는 치즈가루를 뿌리지 않는 것이 좋다. 그 이유는 치즈의 진한 향에 가려져 해물 특유의 풍미나 감칠맛을 제대로 느낄 수 없기 때문이다. 또 올리브 오일을 베이스로 한 스파게티에도 치즈가루를 넣지 않는 것이 좋다. 올리브의 은은한 향을 느낄 수 없기 때문이다. 반면에 해산물을 넣지 않고 토마토소스나 미트소스를 사용한 스파게티에는 치즈가루를 뿌리면 더욱 깊은 맛을 느낄 수 있다.

조개껍질이 있는 스파게티

조개가 들어간 해물스파게티를 먹을 때 포크로 조개를 이리저리 옮겨가며 먹는 모습은 보기에도 좋지 않을 뿐 아니라 먹기도 거추장스럽다. 조개껍질을 옮겨 담을 접시를 부탁하자. 먹기 전에 조갯살을 전부 발라내고 빈 껍질은 다른 접시에 옮겨 담은 후 먹기 시작하면 보기에도 좋고 먹기도 편하다. 하지만 이탈리아에서는 해물스파게티를 먹을 때 조갯살을 포크로 발라내는 사람을 거의 찾아볼 수 없다. 대개 손으로 조개껍질을 잡고 입으로 직접 조갯살을 떼어 먹는다. 소스가 묻은 손은 냅킨으로 닦거나 핑거볼에 살짝 씻으면 된다.

예비신부 밥상 차리기

임은정

고려대학교 이학박사

한양여자대학 식품영양과 겸임교수

현대백화점 문화센터 강사

STAFF

요리 임은정(Assistant 김아라, 최양선, 임청라)

사진 김지영(Assistant 연보현)

스타일링 임은정(Assistant 한아름, 최예람)

예비신부
밥상 차리기

1판 1쇄 발행 2008년 11월 20일

저 자 임은정
발행인 임종철
발행처 도서출판 진로
주 소 서울시 동대문구 답십리동 530-11(의증B/D 3층)
전 화 02)2215-0203
팩 스 02)2216-0208
등 록 제 6-0660호
편 집 애드아이(02-2263-3850)

값 12,000원

ISBN 978-89-86877-46-5 93590